小さいことにくよくよするな！

しょせん、すべては小さなこと

新版

DON'T SWEAT THE SMALL STUFF
...AND IT'S ALL SMALL STUFF

リチャード・カールソン【著】　小沢瑞穂【訳】

サンマーク出版

この本を私の二人の娘、ジャズィとケンナに捧げる。
「小さいことにくよくよしない！」ことを
肝に銘じるのがどれほど大切かを、
彼女たちが教えてくれた。
きみたちを心から愛している。
ありのままのきみたちでいてくれてありがとう。

謝辞

この本を書くにあたってお世話になった次の方々に心から感謝する。
熱意と励ましで私を支えてくれ、
「小さいことにくよくよしない！」知恵を自然に身につけている
パティ・ブライトマンに。
そして、持ち前の洞察力を編集に存分に発揮してくれた
レスリー・ウェルズに。
二人とも本当にありがとう。

はじめに

——人は心のもちようで人生を変えられる。
これは私の世代の最大の発見だ。

ウィリアム・ジェームズ

いやな知らせを聞いたり、気難しい人と会ったり、なにかに失望したり、とくに逆境におちいったとき、私たちのほとんどは日ごろの癖で、つい事態をさらに悪化させるような対応をしてしまう。

過剰反応、拡大解釈、コチコチ頭、悲観主義。小さなことにとらわれていらだったり悩んだりするとき、それに過剰反応すると欲求不満がこうじるだけでなく、ますます泥沼にはまり込む。客観的に見られなくなり、否定的な考えにとらわれ、力を貸してくれそうな人たちまで遠ざけてしまう。

ひと言で言えば「すわ一大事」の生き方になってしまうのだ。ばたばた動きまわって問題を解決しようとするが、実際には問題をますます複雑にしているだけだ。すべてが一大事に見えるせいで、ドラマを次から次にこなすような生き方になってしまう。

そのうちに、一つひとつのことが一大事だと思い込むようになり、問題とどう向き合うかが問題の素早い解決につながることを忘れてしまう。


この本を読めばおわかりになるだろうが、人生にもっと気楽にたち向かう癖を身につければ、「なすすべもない」ような問題もなんとかなりそうに感じるようになる。ストレス源だった「一大事」にたいしても、前ほど動揺しなくなる。

幸いなことに、もう1つの生き方がある。周りの人たちともっと共感し合える、穏やかで優雅な生き方だ。その生き方とは**「すぐ反応する」癖を「客観的に見る」という新しい癖と入れ替える**ことから始まる。

この新しい癖を身につけることで、より豊かで満足できる人生を送れるようになるのだ。

私が感動するとともに、重要な教訓を学んだ話を紹介したい――それは本書の基本的なメッセージでもあり、本書の生みの親となった話だ。

1年前、外国の出版社から連絡があり、私の著書『楽天主義セラピー』（邦訳・春秋社刊）の翻訳版に、ベストセラー本の著者ウエイン・ダイアー博士の推薦文がもらえないかと打診してきた。ダイアー博士には私の前作に推薦文を書いていただいたので、また書いてくれるかどうかわからないが、とにかく頼んでみる、と私は返事をした。

出版界ではよくある例だが、私の依頼にたいして回答はこなかった。しばらく待ったあとで、ダイアー博士は忙しすぎるのか、はなから推薦文を書くつもりはないのだ、という結論に達した。私は彼の意向を尊重し、出版社に彼の名前を販促に利用することはできないと伝えた。これで一件落着だと思っていた。

それから半年後に翻訳版が届いた。なんと、私の前作についていたダイアー博士の推薦文がそのまま、表紙に掲げられているではないか！　きちんと事情を伝えたにもかかわらず、その外国の出版社は私の前作に書いてくれた彼の推薦文をそのまま新作に引用したのだ。

私は頭に血がのぼると同時に、とんでもないことになったと動揺した。すぐに私のエージェントに連絡し、ただちにその出版社にかけあって本をすべて回収させるよう要求した。

その一方で私はダイアー博士に謝罪の手紙を書き、状況を説明し、本を回収するよう手配したことを伝えた。どんな返事がくるかと悩みながら2週間たったとき、彼からこんな手紙が届いた。

〝リチャード、穏やかに生きるには2つのルールがある。**1、小さいことにくよくよするな。2、すべては小さなことだ。**あの引用をいかそう。愛を込めて、ウエイン〟

これだ！　説教もなし、憤慨もなし、にがにがしさもなし、対決もなし。その知名度を不当に利用されたにもかかわらず、博士は優雅で謙虚な態度で応じ、騒ぎたてなかった。彼の反応は「流れに身をまかせる」姿勢と、優雅さを保ちつつ気さくに人生と向き合う姿勢の表れだ。

この10年、私は診療所にやってくるクライエントたちが、博士のようにもっと人生とうまく折り合いをつけることができるように手助けしてきた。私たちは一緒にさまざまな問題——ストレス、人間関係、職場の問題、依存症、その他もろもろの欲求不満——を解決しようとつとめている。

この本では、あなたがもっと優雅に人生を送るための、しかも今日からすぐにでも始められる、具体的な戦略をご紹介しよう。これからお読みになる戦略は、私のクライエントと読者が長年にわたって実践して多大な効果を上げたものばかりだ。これは私自身が望む生き方であり、もっとも抵抗が少ない生き方でもある。

どの戦略もシンプルでありながらパワフルで、あなたの視野をいちだんと広げて、もっとリラックスした人生に導くガイドとなるだろう。戦略の多くは1

つの出来事だけではなく、人生におけるほとんどの困難な出来事に応用することができる。

「小さいことにくよくよしない！」癖を身につけると、人生は100％完璧にはならなくても、あるがままの現実を抵抗なく受け入れられるようになる。

禅の哲学が教えているように、問題に精いっぱい抵抗するかわりに「手放す」ことを学ぶと、人生は自然に流れはじめる。落ち着くための祈り――「変えられるものを変え、受け入れがたきを受け入れ、そのちがいがわかる知恵をさずけてください」――という姿勢があなたのものになる。ここに書かれた戦略をためしてみれば、穏やかに生きるための2つのルールが身につくと私は確信している。

1、小さいことにくよくよするな。

2、すべては小さいことだ。

この考え方を人生に取り込めば、もっと穏やかで愛情豊かな自分を育てることができる。

新版　小さいことにくよくよするな！　目次

謝辞 ……… 002
はじめに ……… 003
001 小さいことにくよくよするな! ……… 020
002 完璧な人なんて、つまらない ……… 022
003 成功はあせらない人にやってくる ……… 024
004 頭で悩みごとの雪だるまをつくらない ……… 026
005 思いやりは訓練で育つ ……… 029
006 死んでも「やるべきこと」はなくならない ……… 031
007 人の話は最後まで聞こう ……… 034
008 人のためになにかする――こっそりと ……… 036

009 相手に花をもたせる ……… 038
010 いま、この瞬間を生きる ……… 041
011 自分以外はみんな文明人だ! ……… 044
012 たいていは相手が正しい ……… 046
013 もっと忍耐力をつける ……… 050
014 忍耐力をつける自習法 ……… 053
015 自分から先に手を差し出す ……… 056
016 1年たてば、すべて過去 ……… 059
017 人生は不公平、が当たり前 ……… 061
018 たまにはぼんやりしてもいい ……… 064
019 ストレスに強い人はストレスがふえる ……… 068

020 週に一度は、心のこもった手紙を書こう ……… 072
021 自分の葬式に出るところを想像する ……… 075
022 「人生は非常事態ではない」ととなえる ……… 077
023 頭の片隅を活用する ……… 080
024 ほんの一瞬だけ、だれかに「ありがとう」 ……… 082
025 知らない人にほほえみ、目を合わせてあいさつ ……… 085
026 毎日、一人きりの静かな時間をもつ ……… 087
027 むかつく相手を、幼児か100歳の老人だと想像する ……… 089
028 まず相手の立場を理解する ……… 091
029 いい聞き手になる ……… 094
030 戦うなら賢く ……… 097

031 暗い気分に流されない ……… 100
032 人生はテスト。ただのテストにすぎない ……… 104
033 ほめるのもけなすのも同じこと ……… 107
034 親切は思いついたときに ……… 110
035 人の行動の奥を見る ……… 113
036 無邪気さを見つけ出す ……… 115
037 正しさより思いやりを選ぶ ……… 118
038 思いを伝えるのは今日しかない ……… 121
039 謙虚になる練習をする ……… 123
040 ゴミ当番はだれの番か迷ったら、自分が行く ……… 126
041 アラ探しを避ける ……… 128

042 毎朝だれかの幸せを願う ……… 131
043 人類学者になってみる ……… 134
044 人はそれぞれにちがうことを理解する ……… 137
045 自分なりの手助けをする ……… 139
046 毎日少なくとも1人、いいところをほめる ……… 141
047 「できない」と言うとできなくなる ……… 144
048 すべてに「大いなる存在」を感じる ……… 147
049 批判したい気持ちを抑える ……… 149
050 頑固な思い込みを5つ書き出そう ……… 152
051 批判は受けとめれば消えていく ……… 155
052 人の意見のなかには一粒の真実がある ……… 158

053 グラスはすでに壊れたとみなす……160
054 どこに行っても自分と道連れ……162
055 話す前に息を吸う……164
056 落ち込みは優雅にやりすごす……167
057 もっと穏やかな運転者になろう……170
058 いま、リラックスする……173
059 手紙で養子をつくる……176
060 人生をメロドラマにしない……178
061 ちがう視点の記事や本を読もう……181
062 一度に1つのことしかしない……184
063 10まで数えろ！……187

064 台風の目に入る練習をする……189
065 予定の変更にあわてない……191
066 ほしいものよりもっているものを意識する……194
067 否定的な考えを素通りさせる……197
068 身近な人こそ教えてくれる……200
069 幸せはいまいる場所にある……203
070 日ごろの心がけがその人をつくる……205
071 心を静める……207
072 ヨガを習う……210
073 小さな思いやりを頭の回線に組み入れる……213
074 親切のお返しは心のぬくもり……216

075 目先の問題は、またとない教師……219
076 知らないほうがいいこともある……222
077 自分のすべてをありのまま認める……226
078 気を抜くことも大切だ……229
079 人のせいにするのをやめる……231
080 早起き鳥になる……234
081 親切は小さなことに絞る……237
082 100年後は、すべて新しい人々……240
083 期待を捨てれば自由になる……242
084 植物をかわいがる……245
085 問題にたいする見方を変える……248

086 口論するときは、まず相手の意見を理解する ……… 250
087 「人生の業績」について考え直す ……… 253
088 自分の内なる声を聞く ……… 256
089 人が投げたボールをすべてキャッチすることはない ……… 259
090 この一幕もまた過ぎていく ……… 262
091 人生を愛で満たそう ……… 265
092 思考のパワーを自覚する ……… 268
093 「モア・イズ・ベター」という考え方を捨てる ……… 271
094 「いちばん大切なことはなにか?」 ……… 275
095 直観を信じる ……… 278
096 「あるがまま」に心を開く ……… 281

097 おせっかいをやくな！……284
098 平凡のなかに非凡を見いだす……287
099 自分のための時間をつくる……289
100 今日が人生最後の日だと思って暮らそう……291

訳者あとがき……294
新版のための覚え書き（初代担当編集者）……298

ブックデザイン 轡田昭彦＋坪井朋子
カバーイラスト 浜野 史
編集協力 株式会社鷗来堂
編集 梅田直希（サンマーク出版）

001

小さいことにくよくよするな！

私たちは少し頭を冷やせばなんなく解決することに、つい大騒ぎしがちだ。ちょっとした問題や細かい心配ごとにいちいち過剰反応してしまう。

たとえば、渋滞の道路でほかの車に割り込まれたとする。気にせずほうっておけばいいのに、なんてやつだと怒るのが当然だと思い、頭の中でその相手をやっつける場面を思い描く。そのことが忘れられなくて、後で誰かにグチを言う人もいるかもしれない。

そんな運転者には、どこかで勝手に事故を起こしていただこう。または彼に同情してみて、そんなに急がなくちゃならない事情というのはどんなにつらいものなのか想像しよう。そうすれば自分の幸せをあらためて確認できるし、他人のせいで腹をたてることもない。

こんな「小さいこと」は日常ひんぱんに起きる。長い行列の順番待ち、身に覚えのないことで非難される、大きな仕事をまかされる……。そんなとき、くよくよしないコツを知っていれば生き方に大きな差がつく。

「小さいことにくよくよする」ことに生命力を使いはたし、人生の楽しみに気づかない人がどんなに多いことか。

そのコツさえ身につければ、人にもっとやさしくすると同時に、寛容になれるエネルギーが増大することに気づくだろう。

002

完璧な人なんて、つまらない

完璧主義を通しつつ平和な人生を送っている人に、まだお目にかかったことがない。完璧を求める思いと心の平和を求める思いは、水と油だからだ。

いまよりもっといいものを求めてばかりいると、人生はまちがいなく負け戦《いくさ》に終わる。人は現状に満足して感謝するかわりに、なにかと欠点をほじくり出して無理やり直そうとする。欠点ばかり気にしていると、不満だけがふくらんでいく。

たとえば、散らかりっぱなしの押し入れ、車の引っかき傷、ぱっとしない仕事、なんとか減らしたい数キロぶんの体重といった身近なことや、だれかの欠点（その人の服のセンスや言動や生き方）まで含めて、悪いところばかりを見ていると、人にやさしく接するという大きな目標を見失ってしまう。

かといってベストを尽くさなくていいということではない。**人生の悪いところばかりにとらわれすぎないように、**ということ。もちろん、自分を向上させる方法はつねにある。だからといっていま現在を楽しんだり、感謝したりできないのはおかしいではないか。

解決策はこうだ。

こんなはずじゃない、もっとよくなるはずだと思い込むいつものパターンに落ち込んだら、いまのままの自分でいいんだと心の中で言いきかせること。批判するのをやめれば、すべてはうまくいく。

人生のあらゆる場面で完璧主義を捨てるようになれば、人生はそれ自体で完璧なことに気づくようになる。

003

成功はあせらない人にやってくる

「人生は非常事態だ」と言わんばかりにあわてふためいたり、悩んだり、競争したりするのはなぜだろう。穏やかでやさしい人になると、大きな目標に向かって努力しなくなるんじゃないか、無気力で怠惰になるんじゃないか、という不安のせいだ。

その逆もまた真なり、と気づいたら、もっと安らかに生きられるだろう。不安なことばかり考えると莫大《ばくだい》なエネルギーが消費され、創造性や生きる意欲が薄れてしまう。あわてたり不安だらけのときは潜在能力も発揮されないし、生きる楽しみも消えてしまう。

いまのあなたが手にしている成功は不安から生まれたものではなく、不安にもかかわらずつかんだものなのだ。

私は幸運にも、とても穏やかで気楽で愛情がこまやかな人たちに囲まれて生きている。

ベストセラー作家、私を愛してくれる両親、カウンセラー、コンピュータの専門家、会社の重役といった人たちだ。みんな自分がしていることに満足し、それぞれの分野で才能を発揮している。

私は、彼らから大切なことを教わった。それは、**自分がほしいもの——心の平和——をもっていれば、自分の欲望や願望や不安にとらわれずにすむようになる**、ということ。

それがあれば集中力が高まって自分の目標に到達しやすくなり、人にお返しをする余裕も生まれる。

004

頭で悩みごとの雪だるまをつくらない

もっと穏やかに生きるにはどうすればいいか。強力なテクニックがここにある。

まず「マイナス思考や不安のタネというのは勝手にふくれあがるものだ」とつねに自覚する。なにか考えているとき自分がどんなに緊張しているかお気づきだろうか？　くよくよすればするほど気分は落ち込む。次々に悪いことが頭に浮かび、ある時点までくるとガクゼンとする。

たとえば、ふと夜中に目が覚めて、明日かけなければならない電話のことを思い出すとする。すると思い出してよかったとほっとするかわりに、明日やるべきことをすべて思い出す。上司との面倒な会話を頭の中で復習するうちに神経がピリピリ。そうなると、こんなグチが口をつく――「ああ、なんて忙しいんだ。明日は電話をかけまくらないと。いったい、だれのための人生なんだ」。そのうち自分が哀れになってくる。

こういった「思考の攻撃」には終わりがない。事実、私のクライエントのなかには一日中こんなメンタル・リハーサルをしている人がたくさんいる。悩みや不安で頭がいっぱいのとき、心が穏やかになれるはずもない。

解決策はたった1つ。**考えや悩みごとが雪だるまのようにふくらむ前にストップをかけること。**ここにあげた例のように、明日やるべきことを頭の中で並べはじめたときは、すでに雪だるまが転がっているのだ。

そんなときは明日のことを考えるのをやめ、**「ああ、またやってるよ」と自分に言いきかせて蕾《つぼみ》のうちに刈り取ること。**思考の列車が出発する前に止めること。そうすれば忙しさに焦点を合わさずにすみ、単純に電話のことを思い出してよかったと思えるはずだ。

あなたは死ぬほど忙しいかもしれない。だが「忙しい、忙しい」だけではストレスがたまる一方だ。スケジュールに押しつぶされそうになったら、頭で考えや悩みごとの雪だるまをつくらないという簡単な方法をためしてみてほしい。どんなに効果的か、きっとびっくりするだろう。

005

思いやりは訓練で育つ

バランスのとれたものの見方をするには、人にたいする思いやりの心を養うのが一番だ。

思いやりとは相手に心を寄せること。相手の立場にたち、自分のことはひとまず置いて、相手の苦しい立場を思いやり、その相手に愛情を感じること。相手の悩みや苦しみ、不満をわがことのように認識すること。

相手が苦しんでいるのを知り、なんらかの力になりたいと口にすることで、私たちは心を開いて共感することができる。

思いやりは訓練で養うことができる。それには2つの方法がある――意識すること、行動で表すこと。

意識するとは、相手に心を開くことを忘れないようにするという意味、自分から相手に心を広げるという意味だ。行動するとは、「それにたいして自分がなにをするか」という意味だ。わずかなお金か時間（または両方）を定期的にさくことかもしれないし、道で出会った人にやさしい笑顔であいさつすることかもしれない。

なにをするかはそれほど重要ではない、なにかをすることが重要なのだ。マザー・テレサが「私たちはこの世では大きいことはできません。小さなことを大きな愛でするだけです」と言ったように。

思いやりは、小さいことにくよくよする癖を直してくれ、ありのままの自分に感謝する気持ちを育ててくれる。

目が見えること、人から愛されていることといった人生の奇跡——この本が読めるのも、ある意味では奇跡だ——について考えると、自分が「大変なこと」と感じていることは実は「小さなこと」にすぎず、自分自身で「大変なこと」にしているだけだとわかる。

006

死んでも「やるべきこと」はなくならない

なんとか仕事をやりとげること、それをひそかな目標にして生きている人が多い。

夜遅くまで働き、翌朝は早起きして出勤。遊びや楽しみは二の次にして、愛する人たちに待ちぼうけをくわせる。待たせすぎて恋人や奥さんに逃げられた人たちをたくさん見てきた。

という私が、実はかつてそうだった。

「やるべきこと」のリストは、ここ当分のあいだだけあるものだと私たちは自分に言いきかせる。片っぱしからやっつければ気分がすっきりしてハッピーになれる、と。だが、現実はちがう。リストの項目を1つやっつけるたびに新しい項目が出てくる。

かけなければならない電話、仕上げなければならない企画はたえずある。リストやスケジュール表が詰まっているのは成功のあかし、といわれるぐらいだ。

しかし、あなたがどんな肩書きをもち、どんな仕事をしていようと、自分の幸せと愛する人たちの幸せがなにより重要だということを忘れてはいけない。すべてをやりとげることにこだわるかぎり、心の平和は訪れない。**ほとんどのことは待ってもらえる。仕事のうえで本物の「緊急事態」と呼べるものなんて、めったに起きないのだから。**

人生の目的は、すべてをやりとげることではなく、その一歩ずつの過程を楽しみながら、愛情のある暮らしを送ることにある。そう自分に言いきかせることで、私は「やるべきこと」のリストを片っぱしからやっつけたいという欲求をコントロールできるようになった。

あなたが死んでも、やりかけの仕事は残ることを忘れないように。もう1つ言わせてもらえば、それはだれかがやってくれるのだ。

できないことにくよくよ悩んで、貴重な時間をむだにするのはもうやめよう。

007

人の話は最後まで聞こう

人の話をさえぎったり、かわりにしゃべったりする癖が自分にあることに気づいたのは、ほんの数年前のことだ。それからまもなく、これがどんなにひどい癖か身にしみてわかった。**人間関係にヒビが入るだけではなく、同時に2つのことを考えるというのは、ものすごくエネルギーがいるのだ。**

ちょっと考えてみよう。人の話をせかしたり、さえぎったり、後を引き取ったりする場合、自分の考えだけでなく相手の考えも追わなくてはならない。この癖（忙しい人たちに共通する癖）があると、自分も相手も口と頭の回転が速くなる。

その結果、お互いに緊張でイライラして不愉快になる。はっきり言って疲れる。それが原因で口論になったりもする。人の話を聞いていない人には、だれもが腹をたてるからだ。その人のかわりにしゃべったりするのは、相手の話を聞いていない証拠だ。

人の話をさえぎる自分の癖に気づくようになれば、しめたもの。慣れすぎてしまったための単純な癖なのだから、必ず直せる。その癖があることを忘れないようにすればいい。

できれば会話を始める前に「じっとがまんするんだぞ」と自分に言いきかせる。相手が話し終えてから口を開け、と自分に命じる。そんな簡単なことで人間関係がどれほど変わるか、一度ためしてみれば、きっと驚くにちがいない。

話をちゃんと聞いてもらったことで、相手はふっと緊張をほどく。相手をさえぎるのをやめれば、こっちも気持ちが楽になる。動悸《どうき》も脈拍もゆったりしたリズムになり、なにより会話が楽しめるようになる。

008

人のためになにかする――こっそりと

人になにかしてあげることはよくあるが、その行為を認めてほしくて、ついだれかに話してしまいがち。人に親切にしたり気前よくすると、自分が思いやりのある善人になったように感じる。

親切な行為は実にすばらしいことだが、なにか人にしてあげたことを黙っているほうがもっと感動ものだ。人になにかをしてあげる、それだけですでに気分がいい。自分があげたやさしい思いやりを自分一人の秘密にしておけば、幸せ気分がいちだんと高まる。

お返しを求めてなにかをするのではなく、ただ与えることに徹する。なにか親切なことをして黙っているのは、これとまったく同じ。**自分自身がほのぼの**

した気分になる、これがそのご褒美《ほうび》だ。

今度だれかのためにいいことをするときは、自分だけの秘密にして、心ゆくまでほのぼのしよう。

009

相手に花をもたせる

気のもちようでふしぎなことが起きる。「自分が、自分が」という思いをすっぱり捨てて人に花をもたせると穏やかな気分になれるのだ。

人に注目されたいという思いがこうじると、つい「私を見て。私は特別。私の話はあなたのよりずっとおもしろい」と心の中で言ってしまう。その心の声は口にこそ出さないまでも、「私の業績はあなたのよりすぐれている」と信じたがっている。

注目されたい、尊敬されたい、特別な存在に思われたいといった私たちのエゴは、しばしば他人を犠牲にしてしまう。

人の話をさえぎったり、一刻も早く自分のことを話したいというエゴは、だれの心にも巣くっている。程度の差こそあれ、残念ながらほとんどの人がそうだ。話に割り込んで自分の話題に変えるのは相手の喜びを奪うと同時に、相手とのあいだに距離をつくる。みんな敗者になってしまう。

こんど人の話を聞く機会があったら、自分のことを口にする癖がないかどうか確かめてみよう。これはけっこう断ち切るのが難しい癖でもあるが、相手に花をもたせるようにつとめると、楽しいだけではなく心がくつろぐ。

話の途中で「ぼくもそうだったよ」とか「今日なにがあったかわかるかい」と言いたい気持ちをぐっと抑えて、「それはすごいね」とか「もっと聞きたいな」と言うだけにする。相手は楽しいばかりかじっくり話を聞いてくれていると感じ、あなたと競争しなくてもいいんだと気が楽になる。するともっと自信がついて、話はさらにおもしろくなる。あなたもまた自分の番を待っていらだつことなく、ゆったりできるというわけだ。

もちろん、いつも相手をたてるだけではなく、お互いに経験を分かち合って花をもたせ合うことも必要だ。私が言いたいのは、**相手から花をもぎとりたいという衝動を抑えることが大切**だということだ。

その衝動を抑えると、人から注目されたいという願望は、相手に花をもたせてあげられるという静かな自信にとってかわる。

010

いま、この瞬間を生きる

かなりの部分、私たちの心の安定は、いまこの瞬間をどれぐらい生きているかにかかっている。昨日や昨年起きたこと、明日起きるかどうかわからないことに関係なく、あなたが生きているのはいまこの瞬間なのだ――いつも！

言うまでもなく、私たちの多くはさまざまなことを心配しながら生きるというノイローゼの術を身につけている。いまのこの瞬間より過去の問題や将来の不安を優先させたあげくに、不安や欲求不満や失望にとりつかれてしまう。

その反動として「いつかきっと」いまよりもっとよくなると信じて感謝や幸せを先送りにしてしまうのだ。ジョン・レノンはこう言った。「人生は、ぼくらがほかの計画を練っているあいだに過ぎていくんだよ」

私たちがほかの計画を練っているあいだに、子供たちは勝手に育ち、愛する人たちは引っ越したり他界したりと去っていき、私たちの体型は崩れ、夢が指からすべり落ちていく。

人生を来るべき本番の舞台稽古《げいこ》でもあるかのように生きている人が多い。そうではないのだ。実際、彼なり彼女なりが明日もここにいるという保証はないのだ。

私たちにはいましかない、コントロールできるのはいましかない。 いまこの瞬間に焦点をあてれば不安を押しのけることができる。不安は将来起こるかもしれないことにくよくよすることで生まれる——貧乏になったらどうしよう、子供が非行に走ったらどうしよう、年とって死んだら……、不安のタネはつきない。

不安をなだめる最善策は、いま、このときを考えること。マーク・トウェインは言った。「私は人生の苦難を味わってきたが、実際に起きたのはほんの少しだった」と。これ以上うまい言い方は私にはできない。

いまこの瞬間を意識する練習をすること。その努力が生き方を左右する。

011

自分以外はみんな文明人だ！

とんでもないと反発したいことなんて山ほどある。これは、そんなことを受け入れるための作戦だ。やってみると、自分を向上させるための最高の訓練になると気づくはず。

タイトルでおわかりのように、**あなた以外のみんなが文明人だと想像すればいい。つまり、あなただけが野蛮人！**

出会う人がみんなあなたになにかを教えようとする。いばりくさった運転手やなまいきな十代の若者はあなたに忍耐を教えようとしているのかもしれない。人生で出会う人々がなにを教えようとしているのか見きわめる、それがあなたの仕事。実際にやってみると、他人にたいするいらだちや不満が薄れるだろう。たとえば、郵便局で局員がわざとのろのろしているように感じたとする。イライラするかわりにこう自問する「彼はなにを教えようとしてるんだろう」。

そうすると、たぶん相手の立場に同情することを学べるだろう——嫌いな仕事をするのはつらいだろうな、というぐあいに。または、忍耐することを学べるかもしれない。なかでも行列待ちは忍耐を学ぶには最高の場だ。

この作戦はやってみると実に簡単で楽しい。

「いったい彼らはなにをやってるんだろう」から「彼らはなにを教えようとしているんだろう」に視点を変えればいいだけだ。

さあ、周りの文明人たちを新しい目で見てみよう。

012

たいていは相手が正しい

自分に問いかける質問でいちばん重いのは「私は正しいことを求めているのか、幸せになることを求めているのか?」ではないだろうか。ほとんどの場合、この2つは相いれない。

いつも正しくあろうとつとめるのはものすごいエネルギーがいるし、人を遠ざけることにもなる。正しいのは自分だ、まちがっているのは相手だと思いたい気持ちは、相手を守りの姿勢に入らせ、自分を正当化するプレッシャーも強まる。

それでも私を含めて多くの人が、自分たちの正しさ(そして相手のまちがい)を証明するために多くの時間とエネルギーをついやす。みんな意識しようとしまいと、相手の意見や見方がまちがっていることを示すのが自分の役目と思い込み、そう指摘することで相手が感謝するか少なくともなにかを学ぶものと思っている。

それは大きなまちがいだ！

考えてもみよう。あなたは、あなたのまちがいを直そうとする相手に「私がまちがっていて、きみが正しいってことを教えてくれて感謝するよ。やっとわかった。きみはすごいよ！」と言ったことがあるだろうか？　または、まちがいを指摘してあげた相手に感謝されたことは？　もちろん、ないはずだ。

私たちはみんなまちがいを正されるのは大嫌いなのだ。自分の立場を理解してほしい、敬意をはらってほしいとみんな思っている。話を聞いて理解してもらいたいというのは人間の最大の願望の１つだ。人の話をじっくり聞く人はもっとも愛され、尊敬される。**相手を正してばかりいる人はひんしゅくを買い、仲間はずれになる。**

自分の正しさを主張してはいけないというのではない――純粋にそうしたいと願うときもあるだろう。人種差別の発言を聞いたりしたときに、どうしてもひとこと言いたいということもある。そういうときは大いに主張すべきだ。

しかし、たいていの場合、せっかくの出会いを台なしにするのは、相手より自分のほうが正しいと思いたいエゴのしわざだ。

いまよりもっと心豊かな人になりたいなら、相手に勝ちをゆずる練習をするにかぎる。相手を正すのをやめる。その癖を変えるのは大変かもしれないが、努力するだけの価値はある。

相手が「……するべきじゃないかな」と言ったときは「いや、そうじゃないよ……」と反論せずに、相手の意見を尊重しよう。相手はもっと心を聞き、態度をやわらげるだろう。あなたは思いがけないほど相手から認められ、受け入れられるだろう。

人の幸せに加担し、そのうれしそうな顔を見る楽しみは、エゴの戦いの成果などとはくらべられないご褒美だ。自分にとってもっとも大切な意見まで曲げる必要はないが、今日からは「たいていは相手のほうが正しい」と思うようにしよう。

013

もっと忍耐力をつける

忍耐強くなると、穏やかで好かれる人になるという目標に到達しやすくなる。忍耐力がつくほど、望みどおりの人生でなければと、かたくなに思い込まずに、現状に満足できるようになる。

忍耐がなければ人生は不満のかたまりだ。すぐに不安になったり悩んだりイライラしたりする。忍耐は自分の人生を受け入れるための妙薬。心の平和には欠かせない。

忍耐強くなるには、いまこの瞬間に心を向けることだ。たとえそれがいい状況ではなくても。渋滞にひっかかって約束に遅れそうになっていても、その瞬間に心を向けることであせりが雪だるまのようにふくらむのをふせげる。

それどころかリラックスするよう自分に言いきかせることもできる。深呼吸するのもいいし、もっと大きなことを考えて、人生全体を見渡せば遅刻は「たいしたことじゃない」と自分に言いきかせる機会でもある。

忍耐には、ほかの人の無邪気さに注目することも含まれる。私と妻のクリスとのあいだには4歳と7歳の2人の娘がいる。この本を書いているとき、4歳の娘がよく部屋に入ってきて仕事の邪魔をした。もの書きには気が散ることだ。

私が心がけたのは、邪魔されて困るという事実（これじゃ仕事ができない、気が散ってしかたがない、今日やっと書く時間がとれたのにまったく、などなど）ではなく、彼女の無邪気さに目を向けることだった。

なぜ娘は私のところに来たのか——それは彼女が私を大好きだからで、仕事を邪魔しに来たわけじゃない。その無邪気さを見るようにしたら、すぐにがまんしようという気になり、いまの瞬間に心を向けられた。イライラしたかもしれないところを、こんなにかわいい子供たちがいて自分はなんて幸せなんだろうと感じることができた。

ものごとを深く見つめれば、**たとえイライラする状況にあっても、ほとんどいつも他人の無邪気さを見いだせる**と知った。そうすることで、もっと忍耐強く穏やかになり、以前はムッとしたはずの瞬間を楽しめるようになるからふしぎだ。

014

忍耐力をつける自習法

忍耐は、慎重な訓練によって強化できる。実際に時間をくぎって訓練する方法が効果的。これから忍耐を自習しようと決め、そのための時間をとるのだ。人生は教室、学科は忍耐というわけだ。最初は5分から始めて、慣れるにつれて時間を延ばしていく。まず自分に「よし、これから5分間、ぜったいにイライラしないぞ。忍耐強くなるぞ」と言いきかせる。

やってみるとびっくりするほど効果がある。忍耐しようと意識すると、ふしぎなことに忍耐の井戸が深くなる。**ほんの5分でも忍耐することを覚えると、自分が本当は忍耐できる人間だとわかり、もっと時間を延ばしてもいいという**

気になる。それを繰り返していけば、本当に忍耐強い人になれるかもしれない。

私には幼い娘たちがいるから、忍耐を自習する機会はいくらでもある。たとえば、大切な電話をかけようとしているとき2人の質問攻めにあうとする。そんなときは「今こそ忍耐の自習には絶好のチャンスだ。これからの30分、できるかぎりがまんしよう」と自分に言う(ほらね、私は努力して30分まで時間を延ばせるようになったのだ)。

冗談はともかく、効き目はすごい――それは家族にも伝わるのだ。私がカリカリせずに落ち着いていると、娘たちをうまくなだめることができる。意識を忍耐することに向けるだけで、いまの状況を平静に受け入れることができるようになる。

頭に血がのぼった状態だと「またかよ、いいかげんにしてくれ」としか考えられない。こっちが忍耐強くなろうとつとめると、その思いは娘たちにも伝わり、「パパをカリカリさせても楽しくない」と自然にわかるようになる。

忍耐強くなると、客観的な視点がキープできる。大変な状況のときでも目の前の問題が「生死にかかわる大事件」ではなく、落ち着けばすぐ解決する「ちょっとしたこと」にすぎないと思えるようになる。そうじゃないと同じシナリオが非常事態に変わり、どなったり叫んだり血圧が上がったりと修羅場《しゅらば》になってしまう。そこまですることはない。

子供、上司、気難しい人、困った事態――相手はだれであれ「小さいことにくよくよしない」ためには、忍耐力の強化が先決だ。

015

自分から先に手を差し出す

私たちはみんな怒りを胸にためている。口論、誤解、両親の育て方、過去のつらい出来事。私たちはだれかが手を差しのべてくれるのを頑固にじっと待っている——友情や家族との関係を修復する手段はそれしかないと思い込んで。

私の知り合いの病気がちの女性は、息子とは3年も口をきいていないと私に言った。「なぜなんです」と聞くと、息子の嫁と折り合いが悪く、息子のほうから電話をかけてこないかぎり彼と口をきくつもりはないと言う。

先にあなたがかければどうですか、と提案すると「それはできません。謝るのは息子のほうなんだから」と彼女は答える。一人息子に手を差し出す前に死んでもいいと本気で思っているのだ。だが、しばらくやさしく励ますと、ついに彼女も先に電話をしてみようという気になった。

電話をしてみると、驚いたことに息子は電話をかけてくれたことに感謝し、詫《わ》びを口にしたという。**こちらから先に手を差し出すことでみんなが勝者になる**という、いつものケースがここにある。

怒りをためていると「ほんの小さなこと」が「大きなこと」に変わってしまう。立場やメンツのほうが幸せより大切だと信じるようになってしまう。

そうではない。もっと穏やかな人になりたいなら、「立場をつらぬく」ことは、幸せになることにくらべれば取るに足りないと理解しなければならない。幸せになるには水に流すこと、こっちから手を差し出すこと。ほかの人たちに勝ちをゆずること。だからといってあなたがまちがっているわけではない。なにもかもうまくいくのだ。水に流すことで心の平和が得られるし、ほかの人たちに勝ちをゆずる喜びが味わえる。

手を差し出せば、相手は心を開いて応じてくれるかもしれない。応じてくれなくてもがっかりすることはない。自分から手を差し出した満足感で、穏やかな心境になれるのだから。

016

1年たてば、すべて過去

私は毎日のように「タイムワープ」と自分で名づけたゲームをやっている。自分がいまかかえている問題は本当に重要なんだ、というまちがったしつこい思い込みをほぐそうとして作ったゲームだ。

この「タイムワープ」ゲームは、実に簡単だ。**いまの状況がなんであれ、それがいま起きているのではなく1年後に起きるのを想像するだけでいい。**次に「これはそんなに重要な問題なのか」と自分に聞いてみる。本当に重要なことも万に一つはあるだろう――だが、ほとんどはたいしたことではないのだ。

配偶者、子供、上司とのもめごと、自分のミス、失ったチャンス、なくした財布、仕事の失敗、捻挫《ねんざ》――問題はなんであれ、1年たてば気にならなくなるはずだ。

人生のその他もろもろの出来事の１つにすぎなくなる。

この簡単なゲームですべての悩みが解決するとはいわないが、客観的な見方が養えることはたしかだ。私は、以前あんなに真剣に悩んでいたことを笑いとばせるようになった。

以前は怒ったりあわてたりで使いはたしていたエネルギーを、いまでは妻や子供たちと過ごす時間や、前向きに考えることに振り向けられるようになった。

017

人生は不公平、が当たり前

人生がいかに不公平かという話をしていたとき、友人にこう聞かれた。

「人生は公平だなんてだれが言ったの？」。

彼女はいい質問をした。それで子供のころに教わったことを思い出した。人生は公平ではない。それは不愉快だが、ぜったいに真実だ。皮肉なことに、この事実を認めると気持ちがすっと自由になる。

私たちがしでかす思いちがいの1つは、自分や他人を気の毒がることだ。人生は公平でなくちゃならない、いつかそうなるべきだ、とつい思ってしまう。だが、人生は公平ではないし、そんな日がくるはずはない。いったんこの思いちがいにはまると、人生が思うようにいかないことにくよくよしたり、人と傷をなめ合って人生の不公平についてグチを言い合うことに時間をとられるようになる。「まったく不公平だよな」と人はよくグチをこぼすが、そもそも人生とは不公平であることに気づいていないせいだろう。

人生は不公平だという事実を認めると、自分を気の毒がらずにすむようになり、いまもっているものを最高にいかそうと自分を奮いたたせるようになる。すべてを完璧にしようとするのは「一生の仕事」ではなく、自分にたいする挑戦なのだ。

この事実を受け入れれば、人を気の毒がることもなくなる。みんなそれぞれに困難を乗り越え、それぞれの挑戦にたち向かっているからだ。私はこの事実を受け入れることで、2人の子供を育てる大変さを乗り越え、自分が犠牲になっているとか不当に扱われているといった個人的な葛藤《かっとう》を乗り越えてきた。

人生は不公平だからといって、すべてあきらめ、自分自身の人生や社会の向上につとめなくてもいいということではない。

その逆で、だからこそ努力すべきなのだ。人生は不公平だという事実を認めないと、つい他人や自分を哀れむようになる。憐憫《れんびん》は人のためにはならない。すでに気が滅入っている相手の気分をさらに落ち込ませるだけだ。

だが、人生は不公平だという事実をはっきり認めると、人にたいしても自分にたいしても同情することができる。同情は哀れみとちがって相手に心からのやさしさを伝えることができる。

こんど社会の不公平について考えるときがあったら、この基本的な事実を思い出してみよう。そうすれば自己憐憫を振りきって、なんらかの手を打とうという気にさせてくれるから驚きだ。

018

たまにはぼんやりしてもいい

私たちの人生は刺激に満ちている。なにもせずにじっと座ってくつろぐことなど考えられないような、さまざまな責任や義務にあふれている。ある友人が私に言った。

「もうみんな人間なんて呼べないんじゃないか。動人と呼んだほうが当たってるよ」

たまにはぼんやりしてもいい、という考えに私が目覚めたのは、ワシントン州のラ・コナーという「なにもすることがない」小さな町で、セラピストのもとで勉強していたときだった。一日目が終わると私は彼に聞いた。「ここではみんな夜はどうしているんですか」

すると彼は言った。

「たまにはぼんやりすることをすすめますね。なにもしない。それがあなたの訓練の1つです」

最初は冗談を言っているのかと思った。

「なぜわざわざぼんやりしなくちゃならないんですか」

私は聞いた。彼の説明によれば、たとえ1時間でもぼんやりする時間をつくってみると、退屈な気分はゆったりした気分に変わっていくという。少し練習すれば、リラックスするコツが身につくはずだ、と。

驚いたことに、彼の言うことは正しかった。最初は耐えられなかった。いつもなにかをすることに慣れきってしまっていて、くつろぐことができなかったからだ。だがしばらく練習して慣れてくると、ぼんやりするのを楽しむようになった。

何時間もぼうっとなまけて過ごす、ということではない。ただ一日に数分でいいから「なにかをする」のではなく「なにもせずぼうっとして」リラックスするコツを身につけるということだ。

なにもせずにぼうっとするのにテクニックはいらない。ただ座って窓から外をながめたり、自分の考えや感情を見つめたりすればいい。最初はとまどうだろうが、少しずつ慣れて楽にできるようになる。その報酬はとてつもなく大きい。

私たちの不安や悩みの多くは、「次はなんだ?」とたえずめまぐるしく考えつづけることからきている。

夕食を食べているときからデザートのことを考え、デザートを食べているときはその後のことを考える。その夜が終われば「この週末はどうしようか」と考える。外出先からもどって家に入ったとたんテレビをつけ、電話をかけ、掃除を始めたりする。たとえ1分でも、ぼんやりするなんてとんでもないと感じているかのように。

なにもせずぼうっとするのがなぜいいか。頭をからっぽにしてリラックスすることを教えてくれるからだ。そうすることで短い時間でも「なにも知らない」自由を与えてもらえる。

体と同じように頭もたまには休めなくてはいけない。頭をからっぽにしてやれば、前よりもっと強く、シャープに、クリエイティブになって復活する。退屈することを自分に許すと、毎日たえずなにかをしなくてはいけないという大きなプレッシャーが取り除かれる。

いまでは子供たちが「パパ、退屈しちゃった」と言ってくると「いいぞ、しばらく退屈していなさい。いいことだから」と答えるようになった。私がそう言うと、娘たちは私になにかを解決してもらおうという気持ちをなくす。

たまにはぼうっとしたらどうか、という提案をみなさんはたぶん聞いたことがないだろう。

どんなことにも「はじめ」はあるのだ！

019

ストレスに強い人はストレスがふえる

私たちの社会は逆行しているのではないか。私たちは大きなストレスにさらされた人、ストレスの重圧に耐えている人、ものすごいプレッシャーに耐えている人たちをえらいと思いがちだ。

「めちゃくちゃに仕事をしている」とか「ストレスがたまって」とか言う人をえらいと思い、その行動をまねさえする。私はストレス・コンサルタントをしているので、「ストレスにたいしてとても強いんです」と自慢する声を毎日のように聞く。このストレスまみれの人たちは私のオフィスに入ってきたとたん、もっとストレスに強くなるにはどうすればいいのかと聞くのだ。

幸いにも、私たちの情緒の領域には、次のような侵しがたい法則がある——

つまり、現在のストレスのレベルは私たちのストレスの耐性に見合っている、というものだ。「私はストレスに強い」と言う人たちは、たえず大きなストレスにさらされることになる。だから、**ストレスに強くなることを教えたとすれば、その人のストレスはもっと強くなる**のだ。

彼らはストレスの耐性が伸びたぶんだけ、さらに多くの問題と責任を背負っていくことになる。ストレスに強いと豪語する人たちが自分の狂気に目覚めるには、なんらかの一大事がきっかけになることが多い——妻の家出や体の不調といった深刻な事態になってはじめて、新しいストレス対処法を探しはじめるのだ。

奇妙に思われるかもしれないが、一般のストレス管理セミナーで第一に教えるのはストレスの耐性を上げる方法だ。ストレス・コンサルタントでさえストレスまみれになっているらしい！

まず最初にすることは、手遅れになる前に早めに自分のストレスに気づくこと。頭が先へ先へとはたらきすぎるときは、ちょっと引いて態勢をととのえよう。

スケジュールに追いつかないときは、なにもかもやっつけようとするのではなく、速度を落として優先順位を見直すことだ。

もう手に負えない、こんなに仕事があるのか、と腹がたったら、腕まくりして取りかからずに深呼吸したり、短い散歩に出たりしてリラックスするにかぎる。

ストレスがたまっていることに早く気がつけば、そのストレスは丘を転がる雪玉のようなもので、まだコントロールできる。雪玉が小さいうちはなんとかなるのだ。しかし、気づくのが遅くて雪玉が勢いづいて転がり出してしまうと、もう手がつけられない。

すべてをやり終えられなかったらどうしよう、と悩むことはない。頭がはっきりして穏やかになれば、ストレスも少なく、能率も上がり、もっと楽しく仕事ができる。

ストレスの耐性を下げると、ストレス自体も減るだけではなく、残ったストレスを解消する独創的なアイデアもわいてくる。

020

週に一度は、心のこもった手紙を書こう

これで多くの人たちの人生が変わり、より穏やかで愛される人になることができる。

週に一度、少し時間をさいて心のこもった手紙を書くと、実に豊かなものを与えられる。ペンを執り、タイプを打とうとすると、忘れられないすてきな人たちを思い出すゆとりが生まれる。腰を下ろして手紙を書くと、人生に感謝する気持ちがこみあげてくる。

これにトライしようと決めると、どんなに多くの名前があがってくることか。あるクライエントが私に言った。「リストの全員に書くには、たぶん残りの人生じゃ間に合わないでしょうね」

あなたも彼女と同じかどうかわからないが、心のこもった手紙を書くにあたいする大切な人たちが何人かいるはずだ。相手がいないときでも、知らない人でいいから手紙を書こう。たとえば他界した好きな作家。過去や現代の偉大な思想家でもいい。手紙を書くということは相手に感謝する気持ちを表すことだ。手紙を書くことは、たとえ相手に送らなくても同じ作用をもたらす。

手紙の目的はとてもシンプル。愛情と感謝を表すだけだ。うまく書けないないなど悩むことはない。これは頭の競争ではなく心の贈り物だから。

なにを書けばいいか思いつかなかったら、こんな簡単なメモでもいい……。

〝ディア　ジャスミン、今朝起きたとき、きみのような人と知り合えてなんて幸運なんだろうと思った。友達でいてくれてありがとう。きみが幸せと喜びに満ちた人生を送るように祈ってるよ。愛をこめて、リチャード〟

こんな短い手紙を書いて送ると、自分の人生の宝物に気づくだけではなく、それを受け取った相手もまた心を動かされて「ありがとう」という気持ちになる。このシンプルな行為が愛の輪となって広がることもある。

手紙を受け取った相手は、だれかに同じことをしようと思うかもしれないし、人にたいしてもっとやさしい気持ちをもつようになるかもしれない。

さあ、今週から手紙を書こう。書いてよかったときっと思うにちがいない。

021

自分の葬式に出るところを想像する

この戦略は人によっては怖がるかもしれないが、人生でもっとも大切なものはなにかを肝に銘じるには効果的な方法として世界的に認められている。

これまでの人生を振り返ってみたとき、神経をとがらせて生きてきてよかったと喜ぶ人が、いったいどれぐらいいるだろう？　死の床で過去を振り返ったとき、ああ、私は優先順位をまちがえたとだれもが思うにちがいない。

ごくわずかな例を除いて、ほとんどの人は「小さいことにくよくよした」ことを悔やみ、よく考えれば取るに足りないことに時間を使わずに、大切な人や好きなことに時間をさけばよかったと思うはずだ。

自分の葬式に出ている姿を想像することは、**まだ生きているあいだに人生を見直して変えるべきところは変えよう**、という気持ちにさせるのがねらいだ。

ちょっぴり不快で怖いことかもしれないが、自分の死を見つめることは現在の生き方を見直すいいきっかけになるだろう。

そうすれば自分がどんな人になりたいのか、自分にとって大切な優先すべきことはなにかを思い出すことができる。

022

「人生は非常事態ではない」ととなえる

ある意味でこれは私が伝えたいメッセージの基本だ。みんな人生は大変だと思っているが、本当はそうではない。

人生は非常事態だと信じたがために、家族や夢をないがしろにしてきたクライエントを、数百人も見てきた。彼らは週80時間は仕事をしないとだめだと信じることで、自分のノイローゼ的な思い込みを正当化する。

「死んでもあなたの書類入れはからっぽにならないんですよ」と、私はときどき彼らに忠告する。

3人の子供がいる専業主婦のクライエントが私にこう言った。

「朝みんなが出ていく前に、掃除や家事をすべて、すませることができないんです」

自分の能力のなさをなげく彼女のために、かかりつけの医者は鎮静剤を処方した。彼女は皿やタオルを片づけるたびに、さっさとやれと頭にピストルを突きつけられるか狙撃者にねらわれているようだと感じていた。つまり、これは非常事態だと自分で思っていたのだ。そのプレッシャーをつくり出したのはほかのだれでもない、彼女自身である。

私は(自分もひっくるめて)小さなことを大ごとに仕立てあげない人にお目にかかったことがない。

私たちは人生の目標を真剣に考えすぎるあまり、それに到達する過程を楽しんだり、たまには気を抜くことを忘れてしまう。ありきたりの優先順位にこだわり、それを幸せの条件に仕立て上げる。あるいは、自分でつくった締め切りに間に合わせようと、しゃにむにがんばってしまう。

その非常事態をつくっているのは自分だと認める謙虚さをもつこと、これが心豊かな人になる第一歩だ。自分の計画どおりにいかなくても人生は進んでいくものだ。

「人生は一大事ではない」とたえず自分に言いきかせるにかぎる。

023

頭の片隅を活用する

頭の片隅——バック・バーナー——は、なにかを思い出したり考えごとをするための優秀な道具だ。

真っ向から取り組むとストレスになるが、頭の片隅を使うと苦労しないで効果が出せる。つまり、忙しくなにかをしながらでも頭の片隅で問題を解決することができるのだ。

頭の片隅は、ガスレンジの奥《バック》のバーナーと同じはたらきをする。弱火にかけた鍋の中で材料がまざり、くつくつ煮えておいしい料理ができあがる。作り方は簡単、鍋にいろんなものを入れ、ちょっとかきまぜ、火にかけて、あとはほうっておけばいい。手をかけないほうがおいしくできる。

これと同じように**頭の片隅に悩みや事実、思いついた代案や解決策をまぜておいておくと、ことの大小にかぎらず多くの問題を解消することができる。**

スープやソースを作るときと同じように、頭の片隅に入れた考えやアイデアは、自然に煮えるまでほうっておかなければならない。

ある問題を解決しようとしたり、人の名前が思い出せないようなとき、頭の片隅はいつも助けになってくれる。すぐに答えが出ないようなことにたいして、そっと柔軟に、ときにはもっとも知的な知恵袋になってくれるのだ。

頭の片隅は、否定や引き延ばし作戦のための場所ではない。考えごとをチョロ火で温めておく場所だ。

このシンプルなテクニックは多くの問題を解く助けになると同時に、ストレスをぐんと減らしてくれるだろう。

024

ほんの一瞬だけ、だれかに「ありがとう」

ほんの数秒しかかからないこの簡単な戦略は、私にとってもっとも効果的なものの1つだ。

私は感謝したい人を思い浮かべることで一日を始めるようにしている。私にとって、感謝することと心の平安は切り離せない。人生で与えられたものに感謝すればするほど心の平安が深まる。だから、感謝の気持ちをもつ練習はやりがいがある。

あなたが私と同じなら、感謝したい人たちがたくさんいるはず——友人、家族、昔の知り合い、教師、指導者、職場の仲間、チャンスを与えてくれた恩人などなど。生命そのものや美しい自然を与えてくれた偉大な存在に感謝したくなるかもしれない。

感謝したい人たちを思い浮かべるときは、相手はだれでもいいということを忘れないで——渋滞に割り込ませてくれた人でもいいし、ドアを開けて待っていてくれた人でもいいし、命を救ってくれたお医者さんでもいい。要は朝一番に感謝の気持ちをもつということなのだ。


ほうっておけば、自分はすぐに否定的な感情にひたってしまうことを私はずいぶん昔に学んだ。そうなると、まず最初に感謝の気持ちが消えていく。感謝すべき人を思い浮かべても、愛情のかわりに憤りや欲求不満がこみあげてくる。この練習は、人生のいい面だけを見つめるのが目的だ。感謝したい人を一人思い浮かべると、次にはべつの人の顔が浮かんでくる。そうなればしめたもの、感謝したいことが次々に頭に浮かぶ——自分の健康、子供たち、家庭、仕事、私の本の読者たち、自由といったぐあいに。

これはひどく単純な提案に思われるかもしれないが、実に効果的だ！　朝一番に感謝の気持ちをもったら、穏やかな感情以外の感情を抱くのは、ほとんど不可能だ。

025

知らない人にほほえみ、目を合わせてあいさつ

私たちがどれほど他人と目を合わせないようにしているか、気づいたことは？　それはなぜ？　怖いから？　私たちが他人に心を開こうとしない理由は？

その答えは私にもわからないが、わかっていることが1つだけある。それは、他人にたいする態度と自分の幸福度はつねにパラレルだということだ。言いかえれば、しかめっつらをして人を避けてうなだれて歩いている人に、穏やかな心で楽しんで生きている人はいないということになる。

心を閉ざさずに社交的になれと提案しているのではない。他人の人生を明るくするために数トンもの余分なエネルギーを振りしぼれとか、必死で愛想のい

いふりをしろとすすめているわけではない。

私が提案したいのは、**他人がちょっと自分と似ているな、と思ってみる**ということだ。

知らない人に思いやりと敬意を寄せるだけではなく、ほほえんだり目を合わせたりするようにつとめれば、自分の心に思いがけない変化が起きることに気づくだろう。

そうすれば、ほとんどの人は自分と似ていると思えるようになる——みんな家族があり、愛する人がいて、悩みや不安をかかえ、好きなこと嫌いなことがあるんだな、と。

こっちから先に行動すれば相手がどんなにやさしく反応するか、それにも気づくだろう。人はみな自分と同じ人間だと気づくと、すべての人の中にある純粋さが見えてくる。その純粋さに気づくと、心の奥から深い幸せ気分がわいてくる。

026

毎日、一人きりの静かな時間をもつ

いま私がこれを書いているのは朝の４時半、私のいちばん好きな時間だ。妻と子供たちが起きて電話が鳴り出すまで少なくとも1時間半はある。外はまったく静かで、私は完全に一人きり。一人きりの時間をもつと、本当に心がほっとして穏やかになる。

私はこの10年、ストレス管理の仕事をしてきた。そのあいだに、さまざまな人たちとの出会いがあった。心が穏やかで平和な人で、毎日ほんの少しでも自分だけの時間をとらない人にはお目にかかったことがない。

ほんの10分の瞑想《めいそう》でもいい、自然のなかで過ごすのもいい、バスルームのドアに鍵をかけて10分間の入浴を楽しむのもいい。自分だけの静かな時間をもつのはとても重要だ。一人きりの時間をもつと、その日の騒音や混乱が薄らいでいく。

私の例でいうと、静かな時間をもつことで、その一日がなんとか切り抜けられそうに思える。その時間がとれないと、明らかにちがいが出てくる。

私は多くの友人たちと小さな儀式を共有している。私もみんなと同じように仕事場まで車で通っている。仕事が終わって帰宅するとき、家の近くまで来たら車を道端に寄せて止める。お気に入りのその場所で、1、2分じっとあたりをながめたり、目を閉じて深呼吸したりする。すると気分が落ち着いてなごやかになる。

「一人になる時間なんてとれない」というのが口癖だった多くの友人たちも、いまではこの戦略を活用している。以前、彼らはカーラジオをがんがん鳴らしながら自宅に乗りつけていた。だが、この戦略を知ったいまは、心からリラックスして家に入るようになった。

027

むかつく相手を、幼児か100歳の老人だと想像する

このテクニックを学んでから20年たつが、他人にたいするいらだちを静めるのに大いに役だっている。

まずイライラさせられ、怒りたくなる人を思い浮かべる。次に目を閉じて、その人が幼児になったところを想像する。いたいけな顔だち、無邪気な目。私たちだってときには、とんでもないことをしでかす赤ん坊になることもあるんだ。

次に同じ人がよぼよぼに年をとって死にそうなところを想像する。疲れきった目、人生の知恵と寛容を思わせる柔和なほほえみ。私たちだっていずれ、生きていようと死んでいようと100歳になるんだ。

やってみれば、つねに客観的な視点に立つことができるし、相手に同情することができる。私たちの目標がもっと穏やかで愛情深い人になることなら、他人を否定する気持ちはもたないほうがいいに決まっている。

028

まず相手の立場を理解する

これはスティーヴン・コヴィーの『7つの習慣』（邦訳・キングベアー出版刊）の1つを応用した戦略。もっと満ちたりた人に（そして、もっと有能な人に）なるための近道として活用できる。

基本的に「まず相手の立場を理解する」ことは、**自分を相手に理解させるよりも先に、自分が相手を理解することのほうを重視する**という意味だ。

自分と相手のあいだに豊かで内容のあるコミュニケーションを成立させたいのであれば、まず相手のことを理解するにかぎる。どこから来た人か、なにを言いたいのか、彼らがなにを重視しているのかを先にこっちが理解すれば、ほとんど努力せずに自然に相手から理解されるようになる。

このプロセスを逆にするのは（私たちのほとんどがそうだが）馬の前に荷台をつけるのと同じだ。まず相手に理解されようとやっきになると、自分も相手も圧迫感を覚え、コミュニケーションが滞って2つのエゴのぶつかり合いになってしまう。

結婚後の10年間、お金のことでケンカばかりしてきた夫婦の相談にのったことがある。夫は妻がなぜ1セントでも多く貯金したがるのか理解できず、妻も夫がなぜ浪費ばかりするのか理解できなかった。彼らの不満は平行線をたどったままだった。

この夫婦の悩みよりもっと複雑な問題はたくさんあるだろうが、彼らの場合の解決策はかなり単純だった。どちらも相手に理解されていないと感じていたのだ。彼らはまず相手をつつくのをやめて、その言い分をじっくり聞くことを学ぶ必要があった。私は彼らにそうアドバイスした。

その結果、夫は妻が両親の経済的な破綻《はたん》に心を痛めていたことを知った。彼女は両親の二の舞を演じたくないと思い、貧乏をひどく恐れていたのだ。妻のほうも、夫が「母親を充分に楽しませなかった父親」の二の舞を演じたくない、妻に不満を感じさせたくないと思っていたことを知った。妻が誇れるような夫でありたい、と彼は願っていた。

二人とも相手を理解することを学ぶにつれ、それぞれの不満は同情に変わっていった。いま、この夫婦は貯蓄と出費のバランスをうまくとって暮らしている。

まず相手の立場を理解することとは、どちらが正しいか白黒をつけることではなく、いかに効率のいいコミュニケーションを成立させるかということなのだ。**こっちから理解しようとつとめると、相手は自分の言うことを聞いてもらっている、自分はわかってもらっているんだと感じる。それがよりよい人間関係につながっていく。**

029

いい聞き手になる

子供のころ、私は自分がいい聞き手だと信じていた。だがいまの自分は、10年前よりはましになっているといっても、「まあまあの聞き手」にすぎないと認めざるをえない。

いい聞き手とは、相手の話を途中でさえぎる癖をもたないだけではない。自分の番がくるのをイライラと待つのではなく、相手が言いたいことをすっかり話し終えるまで満足して聞き手にまわるということだ。

ある意味で、相手の話がうまく聞けないというのは私たちの生き方を象徴している。私たちはコミュニケーションを一種のレースのようにとらえがちだ。相手の話が終わると同時に話し出すという時間競争が目標になっているかのようだ。
最近、妻とランチを食べているときに周りの客たちの会話を耳にした。だれも相手の話など聞いていない。「相手の話を聞かない競争」が繰り広げられていた。私も同じことをしてるんだろうか、と妻に聞いてみた。彼女はにっこりしながら「ほんのときどきだけど」と言った。

反応する速度をゆるめて相手の話をじっくり聞くと、もっと穏やかな人になれる。プレッシャーがなくなるからだ。

目の前の相手（電話の相手でも）がなにを言うだろうか、それにどう応じようかとじりじり待つのは、ものすごくエネルギーがいるしストレスもたまることにお気づきだろう。だが相手の話を終わりまでじっくり聞いていると、そのプレッシャーが消えることに気づくだろう。たちまち気分がリラックスし、その気分は相手に伝染する。相手もあなたと時間競争をする必要はないんだと感じて、ゆったりする。

いい聞き手になると忍耐強い人になれるだけではなく、人間関係の質も向上させられる。みんな自分の話をちゃんと聞いてくれる人と話をしたがるものだ。

030

戦うなら賢く

これは親が子供によく引用することわざだが、充実した人生を送るためにも役だつ。

人生は、小さなことを騒ぎたてるか、それを水に流して忘れるか、という選択だらけだ。戦う対象を賢く選べば、本当に大切な戦いに勝てるようになる。

たしかに相手と口論したり、対決したり、自分の信念のために戦うべきときもある。しかし多くの人は取るに足りないことをめぐって戦い、人生を「つまらない戦い」の連続にしてしまう。そうなると人生は欲求不満のかたまりになり、本当に大切なことを見失う。

すべて自分に都合のいいように（意識しようとしまいと）もっていくのが目

的だとしたら、あなたの計画にほんの小さな邪魔が入っても、大問題にして騒いでしまうだろう。私の本のなかでは、それは不幸と欲求不満におちいるための処方せんそのものだ。

人生は思いどおりにいかないもの、他人はあなたの都合どおりに動いてはくれないもの、これが真実だ。あなたに反論する人、あなたとちがうやり方をする人、いくらやってもうまくいかないことは人生につきものだ。この基本線に刃向かおうとすると、人生の大半を戦って過ごすことになる。

もっと平和に人生を送るには、戦いがいのある対象をきちんと見きわめるしかない。すべてを完璧になしとげるのではなくストレスの少ない生き方をするのが目標だとしたら、ほとんどの戦いは穏やかな気分を吹き飛ばすものでしかないと気づくだろう。

夫または妻に悪いのはそっちだと言いつのることがそんなに重要だろうか？　または相手のちょっとした失敗をあげつらうことが？　どこのレストランにす

るか、どの映画を見るかといったことが？　車につけられた小さな傷のためにスーツを新調して裁判所に行くことが？　あなたの隣人が道路のべつの場所に駐車しようとしないことが、家族の夕食のテーブルで議論されるべきことか？

多くの人が「戦う人生」を送るタネは、こんなことを含めて無限にある。自分の「戦うリスト」を見てみよう。それがかつての私のリストのようなら、戦う優先順位を変えたいと思うかもしれない。

「小さいことにくよくよ」したくなければ、戦いを賢く選ぶのが先決だ。そうすれば、戦う必要をまるで感じなくなる日がきっとやってくる。

031

暗い気分に流されない

自分は本当に裏切り者だ。気分しだいで実際そうではないのに、最低の人生だと思い込んでしまう。

逆に気分がいいとき、人生は最高。そんなときは客観性、常識、知恵が発揮される。気分がいいときは、いろんな問題が簡単に解決できそうな気になり、人間関係もコミュニケーションもうまくいくように思える。批判されても受け流すことができる。

ところが気分が落ち込むと、生きるのがしんどいと感じる。客観性がほとんど消えてしまう。なんでも個人的に受けとめ、周りの人たちの言動に悪意を感じたりする。

つまりこういうことだ。**人は自分が気分に支配されていることに気づかない。だから、とつぜん人生がしんどくなったりする**のだ。

朝は気分がよくて妻も仕事も車もすべて愛していると感じる人がいるとする。将来はバラ色だと感じ、それまでの人生に感謝もする。だが午後も遅くなって気分が落ち込んでくると、仕事は嫌いだ、女房は口うるさくてかなわない、車はおんぼろだ、先ゆきなんてなんの希望もないと感じる。

そんな気分のときに子供時代はどうだったと質問すると、ほとんどが思い出したくないほどつらかったと答える。いま自分がこうなったのは「両親のせいだ」と言うかもしれない。

こんなにころりと気分が変わるのは滑稽に見えるかもしれないが、私たちは多かれ少なかれそうなのだ。落ち込んでいるときは客観性がどこかに消えてしまい、せっぱつまった感じになる。いい気分のときは、そんなことはすっかり忘れ、なにもかもよく見える。つまり**気分しだいで現在の状況――結婚した相**

手、職場、もっている車、将来性、子供時代――にたいする見方がころりと変わるのだ！

落ち込んだとき、私たちは気分のせいにするかわりに人生をまちがえたと感じてしまう。それまでの人生がたった数時間のあいだにがらがらと崩れてしまったような錯覚にとらわれる。

だが、実際のところ、人生は落ち込んだときに感じるほどひどくはない。人生とはそんなもんさ、と暗い気分にひたっているより、人生を現実的に見つめる機会、自分の判断が正しいかどうか自問する機会と受けとめるほうがいい。

「たしかにいま自分は落ち込んでいる（怒っている、欲求不満、ストレスだらけ、憂鬱《ゆううつ》）、気分はどん底だ。こんなときはいつも否定的なことしか思いつかない」と自分に言いきかせることだ。暗い気分は「ほうっておけば自然に消滅する人間の宿命的な感情」と割り切ってやりすごすにかぎる。暗い気分のときは人生を分析しないほうがいい。どんどん暗くなるだけだから。

いい気分のときはありがたく思い、暗い気分のときは優雅にやりすごす――あまり真剣に受けとめずに。次に落ち込んだときは「これもいまに消える」と自分に言いきかせて待つことにしよう。それは必ず消えるから。

032

人生はテスト。ただのテストにすぎない

私のお気に入りのポスターにこう書いてある。

「人生はテストだ。ただのテストにすぎない。これが本物の人生だとしたら、どこに行くべきか、なにをすべきか指示してくれてもいいではないか」

このユーモラスな言葉を思い出すたびに、私は自分の人生をきまじめにとらえすぎないようにつとめている。

人生とさまざまな挑戦を、テストまたはテストの連続とみなせば、直面する問題の一つひとつが自分を成長させ、パンチにたいして柔軟に身をかわすコツをつかむチャンスだと思えるようになる。問題や責任や越えられそうもないハードルの山にぶちあたっても、それをテストと思えば乗り越えられるチャンス

はつねにある。

逆に、一つひとつの問題を生き残るためには是が非でも勝たねばならぬ戦いだとみなすと、人生の旅はかなり険しいものになるだろう。すべてをきちんとやりとげたときしか幸せを感じないからだ。そうなることはめったにない。


人生はテストだという考え方を目先の問題に応用してみよう。

たとえば、難しい年ごろの子供か要求のきつい上司がいるとする。これを「問題」視するかわりにテストだと考えてみる。やっきになって解決しようとせず、そこからなにか学べるかどうか考えよう。

「なぜこれが私の人生に起きたのだろう？　これは私の人生にとってどんな意味があるのか？　これを乗り越えるためにはなにをどうすればいい？　これをなんらかのテストとみなせないものか？」と自分に問いかけてみる。

この戦略をためしてみれば自分の反応の変化に驚くはずだ。

たとえば、私は忙しくて時間が足りないという問題を解決しようと必死になっていた。なにもかもやり終えようとしてじたばたし、うまくいかないと自分のスケジュールや家族や環境、そのほかすべてのせいにしていた。やがて私は気づいた。自分が幸せになりたければ、時間をつくり出そうとやきもきするかわりに、なにもかもやり終えなければならないという考え方を見直してもいいんじゃないか、と。言いかえれば、これをテストだとみなすことが自分に課せられた挑戦だった。

これをテストとみなすことで、私は自分の最大の欲求不満をなだめることができるようになった。いまでも時間が足りなくてじたばたすることはあるが、以前にくらべればずっと減った。

あるがままの現実を受け入れるほうが私にとってはるかに簡単だ。

033

ほめるのもけなすのも同じこと

人にけなされることをどう受けとめるか——これは人生で避けて通れないレッスンの1つだ。

ほめるのもけなすのも同じこと。そう思えば「万人を喜ばせることはできない」という古い格言があらためて納得できる。選挙戦で候補者が55%の票を獲得して「圧勝」したとしても、投票者の45%はべつの候補者に勝たせたかったわけだ。かなり謙虚な気持ちにさせられるではないか？

家族や友人や同僚から認められる率が、これより高いとは思えない。みんなそれぞれの価値観があって、いつも自分の考えが人と一致するとはかぎらない。なのに、私たちはその明白な事実を受け入れたがらず、自分の考えが拒否されたり反論されると怒ったり傷ついたり不満を感じたりする。

この世の全員に認められるのは不可能だという事実を受け入れる時期が早ければ早いほど、生きやすくなる。否定されることもあるという事実と戦わずにそれを受け入れれば、人生の旅に役だつ視点を身につけることができる。否定されたときは落ち込まずに「またか。そんなこともあるさ」と思うようにする。そうすれば人に認められたときは快い驚きを覚えて、それに感謝するようになる。

私は毎日のように人からほめられたりけなされたりする。講演を頼んでくる人もいれば頼みたくないという人もいる。電話でいい知らせを聞くこともあれば、悪い知らせを聞くこともある。娘の一人は私の態度に喜び、もう一人は反発することもある。だれかにほめられることもあれば、留守中にかかってきた電話を後でかけ直さなかったことで非難されたりもする。いいこと／悪いこと、認められること／拒絶されること……。私たちの人生はその繰り返しだ。

私自身は拒絶されるよりは認められるほうが好きだとはっきり言っておく。そのほうが気分がいいし楽だから。しかし自分が満足すればするほど、人の評価に頼らなくてすむようになるのは事実だ。

034

親切は思いついたときに

このしばらく車にあるステッカーを貼るのがはやっている。このステッカーを貼った車はアメリカ中を走っている(実は私も貼っている)。それには**「思いついたときに親切な行為をしよう、意識せず美しくなろう」**と書かれている。発案者はだれだかわからないが、前を走っている車にこれほど重要なメッセージが貼ってあるのははじめての経験だ。

思いついたときに親切にするのは、見返りを求めずに与える喜びを味わう最善の方法だ。しかも人に知られずにできるのがいい。

サンフランシスコのベイ・エリアには有料の橋が5つある。最近、自分のすぐ後ろの車の料金を払う人が出てきた。自分の順番が来た人が料金徴収所で車を止めて1ドルを出すと、「あなたの料金は前の車からもらいました」と告げられる。

これは見返りを求めず思いついたときに親切にする典型的な例だ。この小さな贈り物が後ろの車の運転者に与えるインパクトの強さは想像できるだろう。親切を贈られた人は、一日ずっといい人でいようと思うかもしれない。小さな親切が連鎖反応を起こすことはよくある。

これを練習するのに方法はいらない。心から出てくる行為だからだ。近所のゴミを拾ったり、匿名で寄付したり、お金に困っている人に無記名の封筒で幾らか送ったり、捨てネコを動物愛護協会に連れていって命を救ったり、教会や保護施設で困っている人に無料の食事を配る手伝いをしたり。

ほかにもいろいろな親切が考えられる。親切にするのは楽しいことだし、高いお金がかかることでもない。

これを練習する最大の理由は、**その行為が自分自身の人生に最大の充足をもたらす**からだ。親切な行為をするたびに前向きの気持ちが生まれ、奉仕、親切、愛情という大切なことを思い出させてくれる。

それぞれが自分にできる親切を実行すれば、たちまち世界はもっと住みやすい場所になるだろう。

035

人の行動の奥を見る

「気にするなよ、ジョン、彼は自分がなにをしているかわかってなかったんだよ」

自分がそう言ったり、人がそう言うのを聞いたことは？　もしあるならば「人の行動の奥を見よ」という古来の知恵を経験したことになる。

あなたに子供がいるなら、このことわざの大切さが身にしみているはずだ。愛情の基盤を子供たちの行動にのみおくとしたら、子供を愛するなんてとてもできそうもない。愛情の基盤が行動にのみおかれるとしたら、十代だったころの私たちはだれにも愛されなかったはずだ。

出会う人すべてに、同じ思いやりをもって接しようとつとめてはどうだろう。

だれかが私たちの納得のいかない行動をとったとき、自分たちの十代のころの行動と照らし合わせてみれば、世の中はもっと愛情豊かになるだろう。

とはいっても、現実を見ないようにしたり、すべてがすばらしいというふりをしたり、踏みにじられても耐えつづけたり、否定的な行動を正当化したり認めたりするべきだと言っているのではない。ただ、**相手の行動の裏をさぐろうとする視点をもつ**という意味だ。

役所の係員がてきぱき仕事をしないように見えるのは、その日ずっといやな思いをしているからか、最近ずっといやな日々が続いているせいかもしれない。奥さんや親友がピシリときついことを言うとき、本音はあなたを愛したい、あなたから愛されたいと思っているのかもしれない。

行動の奥を見るのは、思うほど難しくない。今日さっそくためしてみれば、すてきな結果が出るだろう。

036

無邪気さを見つけ出す

他人の行動が理解できないとき、欲求不満におちいる人がたくさんいる。自分に理解できない行動を「無邪気さの表れ」と取るよりも「いやな感じ」ととらえてしまう。

イライラさせられる行動――コメント、行為、意地悪いやり方、自分勝手な態度――をやり玉にあげて欲求不満におちいるのは簡単だ。行動のみにとらわれすぎると、よってたかってみんなにいじめられているような気にさえなる。

だが私はウエイン・ダイアーが講演会で皮肉たっぷりにこう提案したのを聞いたことがある。

「あなたがたをいじめている人たちをみんなここに連れていらっしゃい。私が彼らを治療して（カウンセラーとして）みなさんの気分を明るくしてあげましょう！」

もちろん、これは皮肉な冗談だ。人はみんな変なことをする（しない人などいるだろうか？）のは真実だが、それに怒るのは私たち自身なのだ。

だから変わらなくてはいけないのは私たちのほうだ。暴力行為など常軌を逸した行動を、受け入れたり黙認したりしろというわけではない。ただ人の行動にいちいちイライラしないコツを学ぼうと言いたい。

だれかが腹だたしい行動に出たとき、その行動から距離をおいて「その行動の奥を見る」ようにすれば、その行動の源となっている無邪気さが見えてくる。意識のなかでちょっとスタンスを変えれば、相手を思いやる気持ちがわいてくる。

私は早くしてくれとせかす人たちを相手にすることがある。私をせかせる彼らのテクニックは、たいてい傲慢《ごうまん》で侮辱的ですらある。彼らの言葉や口調だけを取り上げれば、私もイライラして怒りさえ感じる。「いやな連中だ」と思ってしまう。

しかし、**自分が急いでなにかをするときの感じを思い出せば、彼らの行動の奥にある無邪気さが見えてくる。**イライラさせられる行動の奥に、わかってくれと叫ぶ欲求不満の顔が浮かんでいるのがわかる。

こんど（できればいまから）だれかがいやな行動を取ったときは、その裏にある無邪気さを探してみよう。思いやりをもてば探すのは難しくない。その無邪気さが見えれば、同じ行動を取られても前ほどイライラしなくなるだろう。

人の行動にいらだつことが減れば、もっと人生の楽しさに焦点を合わせやすくなる。

037

正しさより思いやりを選ぶ

12番目の戦略でも取り上げたように、人を思いやることと自分の正しさを主張することの二者択一を迫られる機会はたくさんある。

人のまちがいを指摘し、ああするべきだったとか、こうすればもっとよくなると助言する機会はたくさんある。二人きり、または人の面前で相手のまちがいを「ただす」機会もたくさんある。それはつまり人の気分を悪くさせる機会、それによって自分の気分も悪くなる絶好のチャンスでもある。

私たちが相手をけなしたり、ただしたり、相手の非をあげつらったりする理由は、人のまちがいを指摘すれば自分の正しさが証明されていい気分になれる、という私たちのエゴからくるまちがった信念のせいだ。

しかし実際には、相手をけなしたあとの自分の気分に目を向ければ、前よりもっと落ち込んでいることに気づくだろう。人を犠牲にして気分がよくなれるはずはないと心のどこかでわかっているからだ。

幸いにも、逆もまた真なり——**人を元気づけ、明るい気分にさせ、彼らの喜びを共有することを目標にすれば、自分もまた明るく積極的になれる。**

こんどだれかをただす機会があったときは、その誘惑と戦うことだ。「この人とどんな人間関係を築きたいのか?」と自問することだ。結局は、気分よくなれる平和な人間関係を築きたいと、みんなが思っているのだから。「自分の正しさ」を主張する誘惑をしりぞけて思いやりを選べば、穏やかで平和な感情に満たされるのに気づくだろう。

最近、私は妻のクリスと仕事のアイデアについて話し合い、そのとおりにやってみたらとてもうまくいった。私は「ぼくのアイデア」がよかったから成功したんだと吹聴《ふいちょう》した。妻は、いつものように私の成功を心から喜んでくれた。

その午後遅く、そのアイデアを思いついたのは私ではなく彼女だったことを思い出した。しまった！　電話で謝ったとき、彼女が自分の手柄よりも私の喜びのほうを大切にしたことがわかった。「あなたが喜ぶのを見るのは楽しいし、だれが先に思いついたかなんてどうでもいいのよ」と彼女は言った（なぜ彼女が愛されるかおわかりでしょう?）。

この戦略を気弱な態度とごっちゃにしないでほしい。自分の正しさを主張するのはよくないと言っているのではない。ただ自分の正しさを主張するなら、代償がつきもの――ひきかえはあなたの心の平和――だということなのだ。

穏やかで落ち着いた人になるためには、ほとんどの場合、正しさより思いやりを優先させなければならない。

この練習を始める絶好のチャンスは、次にだれかと話すときだ。

038

思いを伝えるのは今日しかない

「あと1時間しか生きられず、たった1人にしか電話ができないとしたら――だれに電話をかけてなにを言いますか、それに、なぜじっと待ってるんですか？」

これは、作家のスティーヴン・レヴィンの質問だ。なんという強烈なメッセージ！

私たちはいったいなにを待っているんだろう？　たぶん私たちは永遠に生きられると信じたがっているか、愛する人たちに「いつか」そう言おうと思っているかのどっちかだ。理由はなんであれ、私たちのほとんどは待ちすぎている。

どういう運命なのか、私がこれを書いている日は祖母の誕生日にあたる。午後、父と一緒に祖母の墓にお参りする予定だ。祖母は2年前に亡くなった。死ぬ前に祖母が家族をどんなに愛していたかみんなに告げたがっていたことが後でわかった。

待っていてもだめなのだ。どんなに愛しているか言葉にするのはいましかない。

本当は面と向かって言うか電話で話すのが理想的。「愛してると言いたくて電話したんだよ」という電話をもらえる人がどれぐらいいるだろう。世の中にこれほど感動することがあるだろうか。そんな電話がかかってきたら、あなたはどう感じる？

そんな電話なんて気恥ずかしくてかけられないというのなら、心のこもった手紙を書こう。電話でも手紙でも、愛情を表現することに慣れてくればそれは習慣の１つになる。そうなれば、さらに多くの愛情のお返しがもらえるだろう。

039

謙虚になる練習をする

謙虚になることと心の平和は切っても切れない仲。自分を誇示したい気持ちが少なくなればなるほど、心の平和が増す。

自分を誇示するのは危険な罠だ。業績を自慢したり、優秀な人間だと人に思わせようとするのはとてつもないエネルギーがいる。自慢に走るとよくやったと自分をほめる気持ちや、なにかを誇りに思う気持ちが薄れてしまう。

それだけではない、自分を誇示すればするほど人から疎《うと》まれ、自慢せずにいられない不安な人なんだと陰口をたたかれ、ひんしゅくすらかう。

皮肉なことに、**人から認められなくてもかまわないと思うと、かえって人は認めてくれる**ようだ。みんながひかれるのは、もの静かで自分に自信をもち、よく見せようとか、正しいのはいつも自分だとか、すべてを自分の手柄にしようとしない人だ。自慢する必要のない人、自分のエゴからではなく心から相手と話し合える人は、ほとんどの人から愛される。

純粋な謙虚さを育てるには訓練しかない。つとめてそうすると、たちまち穏やかで楽な気持ちになれる。こんどあなたが自慢したくなったら、その誘惑に耐えること。

私のクライエントの一人がこんな話をしてくれた。彼は昇進が決まった数日後に、友人たちと一緒の席にいた。

実は仲間の一人のかわりに彼が昇進したのだが、みんなはそのことを知らなかった。彼はその男とライバル関係にあり、自分のほうが選ばれたことを自慢したくてたまらなかった。つい口にしそうになったとき頭の隅でささやく声がした。「やめろ。自慢するな」

彼はそのまま歓談を続け、最後までそのことは口にしなかった。結果としてとても穏やかで誇らしい気持ちになった、と彼は私に報告した。

彼は人に自慢することなく自分の成功を喜ぶことができたのだ。後でそのことを知った友人たちは、彼の謙虚さに感動したと言ってきたという。

謙虚になる訓練をすることで、彼はより多くの支持と注目を集めたのだ。

040

ゴミ当番はだれの番か迷ったら、自分が行く

気をつけていないと、日常生活の責任のことですぐ腹をたててしまう。いったん気分が落ち込むと、一日にやるべきことが1000件もあるんじゃないかと思ってしまう。もちろん気分がいいときは、その数字は半減する。

考えてみると、自分がやることや果たすべき責任のことは簡単に思い出せるからふしぎだ。でも、同時に、私の妻が日常やっていることはすぐに忘れてしまう。なんて都合がいいんだろう！

自分がやるべきすべてのことをチェックしつづけていると、なかなか充足した人にはなれない。だれがなにをやるのか、どっちが多くやるのか、そんなことばかり考えているとと憂鬱になるだけだ。じつは、これこそが「小さなこと」

なのだ。**ゴミを出すのはだれの番かとあれこれ考えるより、自分でさっさと出して家族の責任を1つでも減らしてやったほうが、もっと人生は楽しくなる。**

この戦略にたいして強い反論があるだろう。そんなことをしたら利用されるだけだ、と。

それは、自分の正しさを主張するべきだというのと同じようなまちがいだ。ほとんどの場合、自分の正しさは重要ではなく、あなたがほかの人たちより何度か多くゴミを出すのも重要ではない。

ゴミ出しみたいな小さいことにくよくよするのをやめれば、本当に重要なことにつかいやすい時間とエネルギーがつくり出せるというものだ。

041

アラ探しを避ける

人のアラばかり探すようでは穏やかな人生は望めない。

冬に備えて家のひび割れや雨もりする箇所を探すのはいいが、同じように厳しい目で人のアラや自分自身の人生のアラを探す人がいる。家のアラ探しは修繕するところを慎重に見定める作業だが、これを人に応用すると孤立するだけではなく、自分もいやな気分になる。**この癖がつくと、あらゆるものや人のアラ（つまり欠点）を指摘せずにいられなくなる。そうなると人との関係や人生のありがたみが薄れ、ありのままの現状を肯定できなくなる。**

対人関係におけるアラ探しは次のようにして始まる。だれかと出会ったとき、最初は彼なり彼女なりの容姿、性格、知性、ユーモアのセンスといったものに魅力を感じる。自分とはちがうその人の持ち味を認め、ひかれさえする。だがしばらくすると、その新しい恋人（または友人、教師、だれでも）の小さなアラに気づきはじめ、なんとか直してあげたいと思う。「わかっていると思うけど、きみはどうも遅刻する癖があるね」とか「あまり本を読んでないね」と言ったりする。つまり、その相手の気に入らないところを指摘し、生き方まで変えようとしたがるのだ。

もちろん、たまには意見を言ったり、前向きの批判をしたり、相手のためになる助言をするのはいい。しかし、長年にわたって数百組のカップルを見てきた結果、パートナーにアラ探しをされたと感じたことがない人にほとんど会ったことがない。**たまにトゲのないコメントを口にするだけだといっても、それはやがて相手の生き方を規制したがる癖に発展する。**

アラ探しをすること――それは相手の人となりを解釈するのではなく、アラ探しの名人としての評判をたてているにすぎない。

ついアラ探しをしがちな人は、「ぜったいにやめる」と心に決めること。この癖が頭をもたげたときは、事前に気づいて口を閉ざすこと。アラ探しをやめれば、自分の人生のすばらしさに目が向くようになるだろう。

042

毎朝だれかの幸せを願う

この本の最初に、毎日、一瞬でいいから感謝する人を思い浮かべることを提案した。これもその同類で、毎日だれか愛する人のことを考えると人生が感謝と平和で満たされる。

「一日一個の林檎《りんご》は医者知らず」という昔のことわざを思い出してほしい。この伝でいけば**「一日一回、愛する人のことを考えれば憤慨知らず」**ということになる。

私がこの戦略を実行しはじめた理由は、腹がたつ人ばかり思い浮かべることがいかに多いか気づいたからだ。あの人のことが嫌いだ、あそこがいやだと考え出すと、たちまちお先真っ暗になってしまうのだ。

しかし、**毎朝だれか愛する人のことを考える癖をつけようと決めて実行したあとは、その人にたいしてだけではなく、その日の午後もずっと積極的で明るい見方ができるようになった。**だれにたいしてもイライラしなくなったとは言わないが、たしかにいらだつ回数が減った。私がよくなったのはこの訓練のおかげだといってもいい。


毎朝、私は起きたときに目を閉じたまま深呼吸をする。それから「今日はだれを愛そうか？」と自問する。とたんにだれかの顔が浮かぶ——家族のだれか、友達、仕事の仲間、隣人、昔の友人、または通りすがりに見た他人かもしれない。私にとって、それがだれかは問題ではない、意識を愛に向けさせることが肝心なのだ。

その相手が決まったら、あとは「今日もいい一日になりますように」とその人のために願うだけでいい。「今日も愛情とやさしさにあふれた一日になるように」と自分に言うかもしれない。ほんの数秒でそれを終えると、その日を始める準備ができたのを感じる。

どういうわけか、その数秒は私に数時間ほどとりついている。この小さな練習から始めてみると、あなたの一日はもっと穏やかで平和になるはずだ。

043

人類学者になってみる

人類学は人類とその起源についての学問だ。しかし、この本では人類学とは「ほかの人たちの生き方や行動を、批判せず興味をもって見つめること」と定義しなおそう。

この戦略は、人にたいする思いやりと忍耐力を増すのが目的だ。だが、それ以上に、人の行動に興味をもつのは、批判するかわりに思いやりと理解を示すことでもある。だれかの反応の仕方や感じ方に純粋な好奇心をもつと、それにイライラさせられずにすむ。その意味で、人類学者になるということは他人の行動に不満を感じなくなる手段だ。

人が奇妙な行動をとったとき、いつものように「あんなことするなんて信じられない」と反応するかわりに、**「そうか、あれが彼女（または彼）のものの見方なんだ、おもしろいなあ」と心の中で言う。**

この戦略を身につけるには、まずあなたが純粋な気持ちになる必要がある。「人に興味をもつ」ことと「傲慢になる」ことは紙一重。内心で相手とくらべて自分のほうが上だと考えると傲慢になってしまう。

最近、7歳になる娘と近くのショッピング・センターに行った。そこにオレンジ色のスパイク・ヘアに入れ墨だらけのパンク・ロッカーたちがたむろしていた。それを見た娘が私に聞いた。

「ダディ、あの人たちはなぜあんなにおしゃれしてるの？　あれは衣装なの？」

数年前なら、私はそんな若者を見て批判めいたことを言ったりイライラさせられたはずだ——彼らはまちがっていて、私はもっと常識がある正しい人間だといわんばかりに。娘の質問にたいしても批判めいた説明を口にしただろう。

しかし、人類学者のつもりになることで、私はもっと柔軟な見方ができるようになった。私は娘に言った。

「よくわからないけど、人はみんなそれぞれちがうって、おもしろいと思わないかい?」

すると娘は言った。

「うん、だけどあたしは自分の髪が好き」

私と娘は、彼らのことを話題にするのをやめて一緒の時間を楽しんで過ごした。

人の生き方に興味をもつといっても、それを擁護することとはちがう。私はパンク・ロッカーの生き方を選ばないし、人にそれをすすめるつもりもない。しかし同時にそれを批判する立場にもいない。

人を批判するのはものすごいエネルギーを消費するうえに、楽しく生きるという目標からあなたを遠ざける作用しか果たさない。

044

人はそれぞれにちがうことを理解する

人の行動に興味をもつという話とはべつに、人はそれぞれちがうことについて考えてみよう。

海外旅行をしたり映画で見たりして、世界にはさまざまな文化があることはご存じだろう。人それぞれのちがいは文化のちがいほど千差万別だ。ちがう文化圏の人たちは自分たちとは見方や感じ方がちがって当然（同じだったら、きっとがっかりするはずだ）というのと同じように、**世界にたいする見方もそれぞれちがうのが当たり前。**

そのちがいをがまんするのではなく、それ以外にはありえないという事実を理解して、敬意をもつことが大切だ。

私は、この基本線を理解することで人生が変わる例を見てきた。確実に争いが減るのだ。

同じことにたいして他人がちがう行動を取り、ちがう反応をするのが当たり前だと考えるようになると、自分自身や他人にたいして思いもよらないほど共感できるようになる。その反対だと争いのタネは消えない。

私たちはそれぞれちがうんだ、という事実を深く考えて尊重することをおすすめする。

そうすれば他人にたいする愛情と自分という唯一無二の人間を認める気持ちは、いまよりずっと深まるだろう。

045

自分なりの手助けをする

穏やかで心豊かな日常を送りたいのであれば、人にやさしい行為をすることをおすすめする。

私は自分なりに小さな手助けをすることにしている。ちょっとした親切は人のためになにかをするチャンスになると同時に、親切にするのがどんなにいい気分か思い出させてくれる。

私たち家族はサンフランシスコ・ベイ・エリアの郊外で暮らしている。美しい自然に恵まれている土地だ。その美しさを損なうものの1つに、車で通過する人たちが窓から投げ捨てていくゴミがある。この田舎で暮らす欠点の1つは、ゴミ清掃車などの公共サービスが都会ほどひんぱんに受けられないことだ。

私が二人の娘と定期的にやっている手助けは近所のゴミ集めだ。これがすっかり身についているので娘たちは私によくこう言う。

「あそこにゴミがある。パパ、車を止めて！」

時間があるときは車を脇に止めてゴミを拾う。奇妙に聞こえるかもしれないが、実際に楽しんでやっているのだ。私たちは公園や道路など、どこでもゴミを拾い集める。

あるとき私たちの家の近所でまったく知らない人がゴミを拾っているのを見た。彼は私を見てにっこりして言った。

「あなたたちがやっているのを見て、私もやってみようかなと思ったんですよ」

ゴミ拾いは数かぎりない手助けの一例にすぎない。人のためにドアを開けて待つ、老人ホームに慰問に行く、人の戸口の雪かきをする、など例はいくらでもある。

気楽にできて人の役にたつものを考えたい。楽しいし、いいことをしたと思えるし、いいお手本にもなる——つまり、みんなが喜べる。

046

毎日少なくとも1人、いいところをほめる

その人のなにが好きか、どこがいいか口に出してほめたことが（またはその時間をさいたことが）何回ある？

ほとんどの人は何回でもほめられたいと思うもの。実際、心からほめられたことがどのぐらいありますかと私が質問すると、「いつだったかなあ」とか「まったく覚えていない」とか「そんなことは一度もなかった」という答えが返ってくる。

私たちがほめ言葉を口にしない理由は幾つかある。「べつに私がほめなくたって、もう自分でわかってるんだから」とか「彼女を尊敬してるけれど、そんなこと口では言えないし」という口実をみんな口にする。

だが、心からほめられるとうれしいかどうかと聞くと、みんな口をそろえて「うれしいに決まってる」と答える。ほめ言葉を口にしない理由が「なんと言っていいかわからない」とか「恥ずかしい」とか「もう本人がわかってるから」とか「習慣がないから」だとしたら、そろそろ変えてもいいころだ。

その人のいいところを相手に伝えるのは「思いついたときに親切にする」のと同じ。簡単にできること（慣れてしまえば）だが、結果は大きい。

一生ずっと人に認められたい、ほめられたいと願いながら暮らしている人がどれだけ多いか。とくに両親、夫や妻、子供たち、友達に。

だが、知らない人のほめ言葉でも心がこもっていればうれしいものだ。その人についてどう感じているか伝えることで自分もいい気分になれる。それはやさしい思いやりを示すこと、相手のいいところに目を向ける行為だ。

先日、私はスーパーでとても忍耐強い行為を目撃した。レジ係に一人の客が理由もなしにくってかかったのだ。その係は感情的にならず冷静に応対した。

私の番になったとき「さっきのあなたの態度には感心しましたよ」と彼女に言った。彼女は私の目を真っすぐ見つめて言った。「ありがとう。この店で私をほめてくれたのはあなたがはじめてよ」と。

彼女に伝えるのに2秒とかからなかったが、それは彼女と私の一日のハイライトとなった。

047

「できない」と言うとできなくなる

多くの人は自分の限界を主張することに多大なエネルギーをついやす。「そんなこと私にはとても無理」とか「しかたがないさ、前からそうなんだから」とか「すてきな恋人ができたためしがない」とか、思いつくかぎりの否定的なことを口にして自分の限界をつくる。

私たちの意識は強力な道具だ。なにかが手に入らないと思い込むと、自分で設定したそのハードルを越えるのはとても難しい。たとえば「文章なんてとても書けない」と思い込むとする。次に、そのことを証明するような例をあちこちから引っ張り出してくる。高校時代のへたなエッセイ、書くのに苦労した手紙。ためしてみる前に恐怖の思い出で頭をいっぱいにして自らを制限してしまう。作家でもなんでも、**とにかくなにかになるための最初のステップは、最大の批評家であるあなた自身を黙らせること**だ。

あるクライエントが私に言った。「恋人とうまくいったことがないんです。私がいつもだめにしちゃって」

そう、彼女の言うとおりだ。彼女はだれかと出会うたびに、新しい相手に捨てられる理由を探すのだ。デートに遅れると彼女は相手に言う――「私っていつも遅れちゃうのよね」。彼と意見がくいちがうと彼女は言う――「私っていつもケンカになっちゃうの」。こんな女はもうごめんだと彼に思わせるのは時間の問題だ。すると彼女は自分にこう言うのだ――「ほら、まただわ。私って恋人とうまくいったことがないのよね」。

彼女は悪いほうへ悪いほうへと考える癖を直すことを学ばなければならなかった。「私っていつもそうなのよ」と言いかけたとき「そんなのおかしいわ。私はいつもなにもしていないもの」と自分に言いきかせる必要があった。自分の限界を口にするのはたんなる癖で、もっと肯定的な考え方に変えられると知る必要があった。

いまでは彼女はずっと前向きになった。昔の癖が出そうになると、そんな自分を笑いとばせるようになった。

048

すべてに「大いなる存在」を感じる

ラビのハロルド・クシュナーは、神がつくったものはすべて神聖だと私たちに思い出させてくれる。

神聖とはほど遠い状況にもその神聖さを見いだすこと、それが人としての私たちの任務だ。そういう見方をするようになると魂をはぐくむことができるだろう、と彼は言う。

美しい朝日や雪をかぶった山、健康な子供の笑顔や砂浜に打ち寄せる波に神の美技を見いだすことは私たちにもすぐできる。だが、ひどい状況——過酷な人生の試練、家族の悲劇、重い病気——のなかでも神聖さを見いだすことを学べるだろうか？

日常のものごとに神聖さを見いだしたいと願いながら生きていると、ふしぎなことが起こりはじめる。日常のなかで、以前は見すごしていた慈悲の心が見つかるようになる。すべてに神の指紋が押されていることを思い出すと、それだけで特別な感じになる。難しい人間を相手にしているとき、請求書の支払いに苦しんでいるとき、そのことを思い出すと視野が急に広がる。その難しい相手も、請求書の支払いに苦労することも神がつくったものだと思うと、自分がしているすべては神から与えられたのだと感じるようになる。

どこか意識の奥のほうで、すべてに神の指紋が押されていることを思い出すように、すべてに「大いなる存在」を感じるように意識してみる。

それでもなに一つ美しさが見いだせないからといって、指紋が押されていないわけではない。それが見えないのは、不注意かこちらの視野が狭いせいかもしれない。

049

批判したい気持ちを抑える

人を批判するとき、その相手についてなにかを言っているわけではない。**その人を批判したいという自分の気持ちを伝えているだけ**だ。

ある会合で、お互いに批判し合う場面があったとしよう。帰宅してから、そういった批判大会が世の中をどれだけ住みやすくするかあらためて考えてみれば、おそらく私と同じ答えをするはずだ。「ゼロ！」。いいことは1つもない。

だが、それだけではない。批判したところで問題は1つも解決されないばかりか、世の中に怒りと不信をまきちらす。結局、批判されるのが好きな人は1人もいないのだ。

批判されると、人は自己弁護するか内に閉じこもるかのどっちかの反応しかしない。攻撃されたと感じると、人は２通りの反応をする――恐れと恥を感じて内に閉じこもるか、反撃して怒りを発散させるかだ。だれかを批判して「欠点を指摘していただいてありがとう、感謝します」と言われたことが何回ある？

批判は、悪態と同じく、悪い癖でしかない。いつのまにか慣れてしまうのだ。批判するときの気分はおなじみだ――批判はなにも話題がないときのかっこうのネタなのだ。

しかし、だれかを批判した直後の自分の感じ方を観察してみれば、自分が攻撃されたような、ちょっぴり後ろめたい気恥ずかしさに気づくだろう。そのわけは、**自分が「批判したがり屋」だと世間と自分に向かって公言しているようなものだから**。これはふつうは自慢できることではない。

解決策は、批判しているときの自分に気づくこと。どれだけひんぱんに批判しているか、それがどんなにひどい後味を残すか気づくこと。

私はそれをゲームとしてとらえるようにしている。批判したがっている自分に気づいたときは「ほらほら、まただよ」と呪文をとなえるのだ。そうとなえることで、批判が寛容と敬意に変わることを願いながら。

050

頑固な思い込みを5つ書き出そう

はじめてこれを実践したころの私は、自分は頑固じゃないと言い張るほどの頑固者だった。

その後、もっと穏やかな人になろうと努力してきた結果、自分のどこが頑固なのか前よりずっとよく見えるようになった。

私のクライエントたちの思い込みを例にあげてみよう。

「ストレスがない人はなまけ者だ」

「私のやり方が一番、それしかない」

「男は聞き上手じゃない」

「女は浪費家だ」

「育児は手間がかかりすぎる」
「商売をしている人はお金のことしか興味がない」

こういった思い込みのリストがえんえんと続くのはおわかりだろう。肝心なのは、思い込みの内容ではない。固定観念または先入観にとらわれすぎているという事実だ。

思い込みをやわらげることとは気弱になることとはちがう。むしろ、かえって強い人になれる。

クライエントのある男性は、奥さんが浪費家だと思い込み、そのことでむかしていた。自分がそれにこだわりすぎていると気づいて少し気持ちをなだめたとき、思いがけないことが判明した。じつは彼女より自分のほうがもっと浪費していることがわかったのだ。頑固な思い込みのせいで客観的に見られなくなっていたのだった。

彼が態度をやわらげてやさしくなったことで夫婦仲がぐんとよくなった。いま彼は奥さんの自制心に感謝するようになり、彼女のほうも夫に新たに認められたことで、ますます彼を愛するようになった。

051

批判は受けとめれば消えていく

ちょっと批判されても胸にズキンとこたえるものだ。すわ一大事ととらえ、戦争でもしているように自己防衛に走る。

ところが批判というのは私たちの行動や考え方への他人の観察にすぎず、私たちが自分を見る視点とは異なる。ほっといてくれよ！ 批判にたいして自己弁護すると、よけいにズキンとくる。攻撃されたと感じ、自分を守ろうとするか相手に反論しようとする。自分や批判する相手にたいする怒りと恨みが頭に渦巻く。こういった反応はとてつもないエネルギーを必要とする。

自分に向けられた批判に同意する、これは信じられないほど効果的な練習方法だ。すべての否定的なコメントを受け入れてぺしゃんこにされるがままになる必要はない。ただ相手の批判に同意すれば場の緊張がやわらぐばかりか、なにかひとこと言いたいという相手の欲求も満たされる。また、人が自分を見る目のなかになんらかの真実があることを知り、なによりも冷静さを失わない絶好の訓練になる。

私がはじめて批判に同意したのは、妻に「あなたって、しゃべりすぎることがあるわね」と言われたときだった。そのときはまず、グサリときたのを覚えている。「そうだね、たしかにしゃべりすぎることがある」と答えたとき、人生を変えるなにかに気づいた。同意することで、彼女がまともな指摘をしていると気づいたのだ。たしかに私はしゃべりすぎる!

あっさり同意したので彼女も気が楽になったらしく、すぐにこう言った。「でも、あなたって本当に話がしやすい人よね」と。

もし私が批判に腹をたてていたら、そんなことは言ってくれなかっただろう。それ以来、**批判に怒りで反応しても批判は消えないことを学んだ。**事実、むかっぱらをたてたりすると相手は「やっぱり私の思ったとおりだ」と考えるものだ。

この戦略はためしてみる価値がある。たまに批判に同意してみると、グサリとくる以上にいいことが待っている。

052

人の意見のなかには一粒の真実がある

自分も人もハッピーにするのが好きなら、このアイデアは使えるだろう。ほとんどの人が自分の意見は正しいと感じている。そうでなければ人に聞かせたりしないはずだ。しかしそこで問題になるのが、自分の意見と人の意見をくらべる癖である。相手の意見が自分と合わないとき、ばっさり切り捨てようとする。自分はそれでいいが、相手はくさされた感じになり、どちらもなにも学べない。

まちがいではなく長所を見つけようとすれば、どんな意見にもなんらかの長所は見つかる。

こんどだれかが意見を口にしたら、判断や批判をくだすかわりにその意見になんらかの真実がないかどうか考えてみよう。

人の意見を判断したり批判したりするときは、その人についてなにか言っているのではなく、自分は口うるさい批判屋なんだとＰＲしているにすぎないのだ。

私はまだ人の意見を批判することもあるが、前よりはずっと減った。人の意見に一粒の真実を見いだそうとつとめた結果だ。

このシンプルな戦略を練習してみると、とてもすてきなことが起きるだろう。相手のことを理解するようになる。相手からも好感を抱かれるようになる。なによりいいことに自分がもっと好きになれる。

053

グラスはすでに壊れたとみなす

これは私が20年前に学んだ仏教の教えだ。

このおかげで、ものごとをあるがままに受けとめるという客観的な見方を身につけることができた。

この教えの本質は、人生のすべては流転するというところにある。すべてに始まりがあり、終わりがある。木は種から芽を出し、やがて土に還る。すべての岩は形成されては消えていく。いまの世の中でいえば、どの車も機械も衣類も生産されて使い古されていく。**すべては時間の問題だ。私たちは生まれ、やがては死ぬ。グラスはいずれ壊れる。**

この教えは心の平和をもたらしてくれる。すべては壊れると思っていれば、そうなったときも驚いたり失望しないですむ。なにかが壊れてもギョッとするかわりに、それをもっていた時間に感謝するようになる。

いちばん簡単なのは、水を飲むグラスで練習することだろう。お気に入りのグラスを出して、しみじみながめてみる。次に、そのグラスが割れて床に飛び散ったところを想像する。そのとき、すべてのものは崩壊して土に還ることを思い出すようにする。

もちろん、お気に入りのグラスでもなんでも、壊れてほしいと願う人はいない。これは無気力になるための処方せんではない。ものごとをあるがままに受け入れる練習だ。

そうすれば「ああ、しまった」と思わずに「ああ、そういうことか」と思うようになる。その自覚があればなにがあっても落ち着いていられるだけでなく、前よりずっと人生の味わいが深くなる。

054

どこに行っても自分と道連れ

これはジョン・カバット・ジンのすばらしい著書のタイトルだ。文字どおり、人はどこに行っても自分と道連れだという意味である。

私たちは、もし、べつの場所にいたら――休暇中だったら、べつのパートナーだったら、べつの仕事だったら、べつの家だったら、べつの環境だったら――いまよりもっと幸せになって満足するだろうと思い込む。**そうはならないって!**

ものごとを悪いほうにとる癖――すぐイライラしたりくよくよしたり、いつも怒ったり欲求不満にかられたり、ないものねだりをする癖――があれば、その癖はあなたの行く先々についてまわる。これを裏返して考えることもできる。

あまりイライラくよくよしないたちであれば、どこに行ってもだれと出会ってもネガティブな考え方には落ち込まない。

ある人に「カリフォルニアの人たちはどんなふうですか?」と質問されたとき私はこう聞いた。「あなたの故郷の人たちはどんなふうですか?」。すると彼は「利己主義で貪欲《どんよく》ですよ」と答えた。あなたはたぶんカリフォルニアの人たちのことも利己主義で貪欲だと感じるでしょうね、と私は言った。

人生も自動車のように内から外に向かって運転するものだと認識すると、とてもすてきなことが起きる。行きたい場所ではなく自分がいまいる場所に意識を向けると、たちまち穏やかな気分になる。そうなれば、どこに行っても、だれと出会っても、その穏やかな気分がずっと持続する。

「どこに行っても自分と道連れ」——これは真理だ。

055

話す前に息を吸う

こんな簡単なことなのに、ためした人すべてに目覚ましい効果があった。話す前に息を吸う、それだけで忍耐と客観性が増すだけではなく、相手から一目おかれるようになる。

やり方は超シンプル。相手の話が終わったとき、ちょっと息をつくだけでいい。最初はそのあいだがとてつもなく長く感じられるが、実際は1秒もかからない。息つぎを習慣にすると、相手ともっと親しくなり、その相手から敬意をはらわれるようになる。**話をじっくり聞いてあげることは、とても貴重な贈り物なのだ。**

周りで人が話しているのを観察すると、自分の番がくることをひたすら待っている人がとても多い。ほとんど人の話を聞かず、自分の意見を言うチャンスを待っているだけ。相手の話を引きとって、「そうそう」とか「わかるわかる」と合いの手を入れて早く終わらせようとする。

その会話を楽しむというより、ボクシングのスパーリングかピンポンの試合を見ているようだ。

こういった苦しい会話を続けると、相手の話が終わる前に批判精神や過剰反応、誤解が生まれてしまう。互いに相手にいらだったり不快を感じるのも無理はない。こんなに人の話が聞けないというのに友達が残っているのは奇跡というものだ!

私は自分が話す番を待ちつづけて暮らしてきた。あなたが私と同じなら、相手の話がすっかり終わるのを待ってから話し出すと、相手が驚いた顔をして態度をやわらげることに快さを感じるだろう。相手がほっとするのが伝わり、二人のあいだにもっとなごやかな空気が流れる。

そんなことしたら話す番がこないじゃないかと心配することはない、必ず順番がまわってくるから。相手はあなたに一目おいて同じように話を聞こうとするから、この練習は非常にやりがいがある。

056

落ち込みは優雅にやりすごす

世の中で最高に幸せな人にも不幸せなときがある。事実、最高に幸せな人もみんなそれぞれに憂鬱や悩みや失望をかかえている。幸せな人と不幸せな人のちがいは、落ち込む回数や落ち込み度の深さではなく、その気分にどう対処するかで決まることが多い。彼らはそのときどきの気分にどう対応しているのだろう?

ほとんどの人は逆をいく。落ち込んだときは、よしとばかり腕まくりをして仕事にとりかかる。落ち込みをひどく真剣にとらえ、その原因を分析しようとする。なんとかそこから脱出しようと努力するが、かえって深みにはまってしまう。

穏やかでリラックスしている人たちを観察すると、気分がいいときは感謝の気持ちで満たされているのがわかる。**彼らは前向きな気分も否定的な気分も一過性だとよくわかっていて、落ち込みもやがては消えると知っている。幸せな人たちは、ときには落ち込むこともあるさと割りきることができる。**だから憂鬱や怒りやストレスを感じてもあわてない。その落ち込みに抵抗したりパニックになったりせず、その感情を優雅に受け入れる。

そうすることで、落ち込み状態からすんなり優雅に抜け出すことができるのだ。

私が知っている最高に幸せな人は、ときどきかなり落ち込むことがある。ちがいは、落ち込んでもあわてることなく落ち着いていることだ。やがてまた幸せな気分になれるとわかっているから、その落ち込みを気にしていないのだ。彼にとって落ち込みはたいしたことではない。

こんど落ち込んだら、それに抵抗するよりリラックスするようにつとめよう。

パニックにおちいるかわりに、優雅な穏やかさを保っていられるかどうか見てみよう。

優雅に対処すれば夕日が沈むのと同じように、確実に落ち込みは去っていく。

057

もっと穏やかな運転者になろう

あなたがもっとも緊張する場所はどこ？　ほとんどの人は渋滞の道路で運転すること、と答えるはずだ。高速道路を見ると、まるで道路ではなくレーストラックのようだ。

もっと穏やかな運転者になるメリットは3つある。第一に自分も周りの人たちも事故にあう確率が減る。第二にストレスがぐんと減る。第三に血圧が下がり、ハンドルをきつく握らなくなり、目が血走らず、理性がはたらくようになる。**せっかちに運転したって目的地に着く時間は変わらない。**

最近、オークランドからサンノゼまで車で行ったとき、渋滞していたが、動くことは動いていた。そのとき車の列を縫うように進もうとするせっかちな運転者に気づいた。明らかに彼は急いでいた。

私はその45分の道のりを、買ったばかりの音楽テープを聴いたり考えごとをしながら、ほとんど同じレーンを走っていた。高速道路を降りて、ふと気づくとさっきのせっかちな運転者が私の後ろにいる。意図せずに彼よりも早く着いていたのだ。彼はアクセルを踏んだりレーンを細かくかえて同乗の家族を危険な目にあわせたのに、手に入れたのは血圧の上昇と車の摩耗《まもう》だけだった。

これと同じなのが、あなたの車を追い越して次の信号に急ぐ運転者。スピードを上げてもなんにもならない。チケットをきられたり、8時間も交通講習を受けなくちゃならなくなったら目もあてられない。

もっと穏やかな運転者になろうと決めると、車の中にいる時間をくつろぎタイムにすることができる。運転を目的地に向かう手段としてのみ考えず、呼吸法を練習したり考えごとをする機会ととらえよう。私は筋肉をリラックスさせるためのテープさえ持っている。それを聴きながら運転すると、目的地に着いたときは車に乗る前よりもずっとリラックスしている。

運転する人は一生のかなり長い時間を車の中で過ごす。その時間を欲求不満にかられて過ごすか、もっと賢明に活用するかはあなたしだいだ。

058

いま、リラックスする

リラックスするとはどういう意味か？

この言葉を何千回も耳にしながら、その意味が本当にわかっている人はほとんどいない。

この質問をすると（私は幾度となく聞いてきた）、リラックスするとは、いまではなくもっと後でやること、という答えが返ってくる。たとえば、休暇旅行をしたとき、ハンモックの中にいるとき、引退したとき、なにもかも片がついたとき。

つまり、それ以外のほとんどの時間（人生の95％）は、緊張とイライラと多忙に追われて過ごしていることになる。はっきりそう言いきる人はほとんどいないが、事実はそうなのだ。人生を1つの大きな非常事態ととらえている人がいかに多いか、これで説明がつくのではないか？

私たちのほとんどは「やるべきこと」がなくなってからリラックスしようと考えている。人生の「書類入れ」がカラになることはぜったいにないのに。

リラックスは日ごろの心のもちようでできる。いま、リラックスできるのだ。リラックスしている人たちが仕事の業績を上げている事実を思い出すのもいい。リラックスと創造性は仲よしなのだ。たとえば、私は緊張しているときには文章を書く気にさえならない。だがリラックスしているときは、すらすら書ける。

もっとリラックスするには、人生のドラマにたいして、いままでとはちがう反応をする訓練をする必要がある。つまり、あなた自身のメロドラマ（melodrama）をメロー（mellow＝穏やかな）ドラマに変えるのだ。

どう反応するか、その選択をするのは自分だと何度もやさしく自分に言いきかせることだ。**自分自身といまの状況に新しい反応をする訓練をすれば、どの選択をしても前よりずっとリラックスした自分になれる。**

059

手紙で養子をつくる

この本をさまざまなサービス機関の広告パンフレットにしたくはないが、手紙で養子をつくった経験はとても有意義だったことは言っておきたい。いや、実際に養子縁組をするのではなく、ある子供を助けて彼らと友達になるということなのだ。

この経験は私の家族に言葉では表せないほどの喜びと満足を与えてくれた。私の7歳の娘にも「養子」が1人いて、その経験を楽しみながら多くのことを学んでいる。娘とその養子は定期的に文通したり絵を交換したりしていて、私たちはその絵を壁にかけている。2人ともお互いの暮らしについて知るのが大好きだ。

毎月、子供たちを助ける会に少額の寄付をする。そのお金が子供たちと両親の生活費や教育費にまわされるというわけだ。

この手の慈善活動が楽しいのは、対話があるからだと思う。どこかの団体に寄付しても、だれのためにどう使われたのかわからないことが多い。それにくらべて、こっちは相手がだれかがわかるばかりか、相手と知り合えるという特権がある。それと、定期的に文通することで、人を助けてあげられる立場にいることをたえず心に思い起こすことができる。

私も私の知り合いの多くも、この経験によって感謝の思いがいちだんと深まった。この手のサービス機関は無数にあるが、私が個人的に気に入っているのはヴァージニア州リッチモンドのチルドレン・インク社である。

060

人生をメロドラマにしない

ある意味で、これは「小さいことにくよくよしない」ことと同義語だ。多くの人は人生をメロドラマ——アクションと筋書きが先行する商業ドラマ——としてとらえている。

ドラマでは小さなことが大げさに演出され、実際より派手に描かれる。**私たちは、自分が思っているほど人生は悪くはないということを忘れがちだ。それから、小さなことを拡大してとらえているのは自分自身だということも。**

私は人生をメロドラマにする必要はないと自分に言いきかせるだけで、心が落ち着くことを発見した。イライラとあせったりガチガチにきまじめになったりするとき（実は、認めたくないほどよくそうなる）に、「まただよ。ぼくのメロドラマの開幕だ」と自分に言うことにしている。すると、ほとんどいつも、かたくなさがとれて自分を笑えるようになる。この単純な言いきかせで、もっと穏やかな気分にチャンネルを切り替えることができるのだ。そのとき私のメロドラマは「メロードラマ」に変わる。

メロドラマを見たことがあれば、登場人物がごく些細《ささい》なことを深刻にとりすぎて人生を台なしにするのをご存じだろう――だれかにひどいことを言われた、ガンをつけられた、妻に言い寄ってるやつがいる、などなどの理由で。

彼らの反応は、たいていこうだ――「なんてことだ。なぜオレがこんな目にあわなくちゃならないんだ?」。次に彼らは「ひどい目にあった」ことを人に訴えて悩みを増幅させる。人生を非常事態、つまりメロドラマにしてしまうのだ。

こんどストレスでめためたになったと感じたときは、この戦略をためしてほしい。

人生は非常事態ではないと自分に言いきかせると、メロドラマがメロードラマに変わる。

061

ちがう視点の記事や本を読もう

自分が読むものはすべて自分の意見や見方を正当化するものばかりだ、ということに気づいたことは？

ラジオやテレビ番組の選択にも同じことがいえる。事実、アメリカでもっとも人気のあるラジオの人生相談では、相談者がみんな「はいはい頭」――つまり「はい、先生がこれからおっしゃることにすべて同意します、はい。どんどん言ってください」――になっている。リベラル派、保守派――どっちだろうと私たちはみな同じだ。意見や視点をつくり上げ、自分たちが信じるものの正しさを確認する作業を続ける。

このかたくなさは悲しい。というのは**自分とは正反対の意見や視点から多く**

のものが学べるからだ。自分と同じ意見や視点以外のものに心を閉ざすというかたくなさが、ものすごく大きな心のストレスを生むという点も悲しい。閉ざされた心は、すべてのものを突き放そうとつねに身構えている。

私たちはみんなそれぞれに自分の見方がいちばん正しいと確信している。意見を戦わせる2人が、自分の正しさを証明するためにまったく同じ例を使うこともある——それぞれに正しく説得力もある。

それを知っていると、本気でかかってもっと頑固になることもできるが、ほっと気を抜いて新しいなにかを学ぼうという気にもなれる！

一日に数分でいいから、態度をやわらげて自分とちがう視点で書かれた記事や本を読んでみよう。信念や深い信条を曲げることはない。ただ新しい考え方に心を開くだけでいい。そうすれば、自分とちがう考え方を排斥しようとするストレスが軽くなる。この練習は新しいことに興味を抱かせるだけではなく、他人の無邪気さを見る練習、自分に忍耐力をつける練習にもなる。

自分とちがう考え方に1つの論理を見いだそうとつとめることで思慮深くもなれる。私と妻は、アメリカのもっとも保守寄りの新聞ともっともリベラルな新聞を購読している。どちらも私たちの視点を広げてくれている。

062

一度に1つのことしかしない

このあいだフリーウェイを運転していたとき、通勤用の追い越し車線を走っている男性が髭《ひげ》を剃《そ》りながらコーヒーを飲み、おまけに新聞まで読んでいるのを目撃した！

この社会のせわしなさをずばりとついた例を探していた私は「完璧だ！」と心で叫んだ。

一度にいろんなことをしようとしたことは？　手間を省くために携帯電話が開発されたが、そのせいでますます暮らしが繁雑になった。妻と一緒に妻の友人宅に食事に招かれたとき、その友人が電話で話しながら玄関で私たちを迎え、料理をチェックし、娘のおむつを替えているのを見た（もちろん、その後で手を洗った)。

私たちは人と話しながら頭ではほかのことを考えていたり、3つ4つのことを同時にやろうとする。

一度に多くのことをやろうとすると、目の前のことに意識が集中しなくなる。そうなると、いましていることに楽しみが見いだせないばかりか気が散って能率が上がらない。

時間をくぎって一度に1つのことだけをする練習をしよう。同時には、なにもしないのだ。皿を洗う、電話で話す、車を運転する、子供と遊ぶ、妻や夫と話す、雑誌を読む——なんでもいいから、そのことだけに専念し集中する。

すると2つのことが起きるのに気づく。まず、皿洗いやクローゼットの整理といった退屈なことでも楽しんでやっていることに気づく。**それがなんであれ、気を散らさずに集中すれば没頭できて興味がわいてくる。次に、能率よくさっさと仕上がることにびっくりするはずだ。**

私は目の前のことに集中する癖をつけてから、書いたり読んだり、家の掃除や電話で話したりといった生活のすべての技術が向上した。

あなたも同じことができる。一度に1つのことしかしないと決めるだけでいい。

063

10まで数えろ！

子供のころ、父は私や妹たちを怒ったときに、よく声に出して10まで数えていた。そのころの親たちは、次の行動に出る前に頭を冷やそうとしてよくそうやっていたものだ。

私は呼吸法を取り入れて、これを改善してみた。怒りを感じたら、まず深呼吸しながら心の中で1つと言う。次に息を吐きながら全身をリラックス。2つ、3つと続けて少なくとも10まで繰り返す（ものすごく腹がたっているときは25まで）。

なにをしているかというと、小型の瞑想で心を落ち着かせるわけだ。深呼吸しながら数えると気持ちが穏やかになって、しまいには怒っていることも忘れるほどだ。

ゆっくり肺に酸素を取り込むと、怒ったときから数え終わるまでに客観的な視点を取りもどすことができる。すると——**さっきまでの「大ごと」が「小さなこと」に変わってしまう。**

この練習はストレスや欲求不満をなだめるにも効果的。ちょっと気持ちが荒れたとき、ぜひ試してほしい。

実を言うと、この練習は怒っていないときでもすばらしく効果的だ。リラックスできるし、楽しいので私は日ごろからこれをやっている。

これが身につくと、怒りのほうから遠ざかってくれる。

064

台風の目に入る練習をする

台風、竜巻、ハリケーンの目は、外側に暴風が渦巻いているときもそこだけ静かだ。

周囲は荒れくるっているのに、中心部は穏やか。私たちも台風の目のように混乱のただ中で落ち着いていられたらどんなにいいだろう。

驚くかもしれないが、「人間台風」の目の中に入るのは想像するよりずっとやさしい。必要なのは、その意志と練習だけだ。

たとえば、ちょっとうるさくなりそうな家族の集まりに出る予定があるとする。これを台風の目に入るいい訓練の場にしよう、と自分に言いきかせるのだ。

わいわいもめるその場で、ただ一人の穏やかで落ち着いた人になろうと心に決

める。まずは呼吸の練習だ。人の話を聞く練習もできる。相手に勝ちをゆずる喜びを味わうこともできる。つまり、決心しだいでそれができるのだ。

家族の集まりといった害のないシナリオから始めて、カクテル・パーティ、子供たちの誕生パーティなどで練習を重ね、台風の目に入る記録を伸ばして成功をかみしめよう。そうすることで目の前のことに意識が向き、自分ももっと楽しむことができるようになる。

これが身につけば、人生のもっと困難な場面――ケンカ、試練、悲嘆――でも訓練できるようになる。

一度でもうまくいき、それを続けていけば、台風の目の中で暮らしていくコツがわかるようになる。

065

予定の変更にあわてない

いったんなにか計画すると、取りやめたり状況に応じて変更するのはいやだという気になる。成功するには、またはある企画を成功させるには忍耐が必要なことはたしかだ。しかし、それと同時にガチガチの計画をたてると大きなストレスになるうえ、いらだったりして人にやさしくできなくなる。

私は早朝に書き物をするのが好きだ。家族のだれかが起き出す前に、この本の1つか2つの項目を仕上げるのを目標にする。だが、4歳の次女が早起きして私に会いに2階に来たとしたら？　私の目標は変更せざるをえなくなる。それにどう反応するのか？

または仕事に行く前にジョギングしようと計画する。そのとき緊急の電話がかかってジョギングの時間がとれなくなったとしたら?

こういった例は無数にある。計画の変更を余儀なくされたとき、予定がキャンセルされたとき、人がやると言ったことを実行しないとき、思ったより収入が少なかったとき、予想より時間が少ないとき、予定外のことが起きたとき、などなど。肝心なのは、本当に重要なのはなにかと自問することだ。

計画が変更になったときは不満を感じて当たり前だとつい思ってしまう。だが、それは優先順位の問題だ。

書き物のノルマのほうが、4歳の娘の相手をするより大切なのか? 30分のジョギングを取りやめるのは、そのことでイライラするだけの価値があるのか? もっと一般的な言い方をすれば「どっちがより重要か——予定どおり計画を実現させることか、それとも流れにまかせるのを学ぶことか?」。

当然ながら、かたくなさより融通性を優先させるほうが(むろん例外はあるにしても)心が穏やかになれる。

それと、**計画には多少の変更はつきものだと考えていると楽になることもわかった。最初から融通性をもたせていれば、いざというときあわてたり怒ったりしなくてすむ。**

計画や目標に余裕をもたせると、幾つかのすてきなことが起きてくる。気が楽になってくるうえに能率は下がらないのだ。あわてたり心配しないぶんだけ、能率が上がることもある。

私は計画を少し（あるいは完全に）変更せざるをえないときも、締め切りを守り、目標をほとんど達成して責任を果たせるという自信がついた。そうなると周りの人たちもピリピリしないでリラックスできる。あなたの計画を邪魔してはいけないと、卵の殻を踏むような思いをしなくてすむからだ。

066

ほしいものよりもっているものを意識する

私はストレス・コンサルタントとして十数年やってきたが、クライエントについてもっとも気になるのは、もっているものよりほしいもののことばかり思い浮かべる傾向だ。

すでに多くのものをもっているにもかかわらず、欲望のリストはふくらむ一方。「これが手に入れば幸せなのに」といった、もっともっとという願望は、それが手に入ったあとも繰り返され、いつまでたっても満足することがない。

私の友人は、買ったばかりの家を人に貸す契約をした。次に彼に会ったとき、こんどはもっと大きい家を買うつもりだと言った！

彼だけではなく、私たちの大半は同じことをやっている。あれがほしい、これがほしい。それが手に入らないとなると、そのことばかり思い浮かべて――不満が消えない。それが手に入れば入ったで、また同じことを考えるだけだ。だから、ほしいものが手に入ったのに、まだ不幸せのまま。なにか新しいものに憧れつづけるかぎり幸せはやってこない。

幸いにも、幸せになる道はある。**ほしいものではなく、もっているものに意識を切り替える**のがその鍵だ。

妻がこんなじゃなかったらなあ、と思うかわりに、彼女のいいところを思い浮かべるようにする。給料が安いとグチるかわりに、仕事があってよかったと感謝する。休暇をとってハワイに行きたいと願うかわりに、家の近くでどれだけ楽しめるか考える。可能性のリストは無限だ！

「人生がこんなじゃなかったら」という罠に落ち込むたびに、一歩下がって最初からやり直すのだ。

まず深呼吸して、いまもっているものをすべて思い出してみる。ほしいものではなくもっているものに意識を向けると、ほしいものは自然に向こうからやってくる。

妻のいいところを意識すれば、彼女はもっと愛情深くなる。仕事のグチをこぼさずに仕事があってよかったと思うようにすると、もっといい仕事ができて能率も上がり、昇給にもつながるかもしれない。ハワイに行ってから楽しむのではなく近所での楽しみ方を考えてみれば、もっと楽しくなるだろう。それでハワイに行ったとしても楽しみ方がちがってくるし、行けなかったとしても人生がすばらしいことに変わりはないのだ。

ほしいものではなくもっているものに意識を切り替えれば、人生は前よりずっと楽しくなる。おそらく生まれてはじめて満足するという意味がわかるだろう。

067

否定的な考えを素通りさせる

人は一日に平均5万もの考えを頭に浮かべると言われている。これはすごい数だ。前向きで生産的な考えもあるが、残念ながら多くは否定的になりがち——怒り、不安、悲観。もっと心穏やかな人になるには、否定的な考えをもたないということではなく——それは無理というもの——それとどう向き合うかが問題になる。

否定的な考えと向き合うには2つの手段しかない。その考えをじっくり分析してのめり込むか、それを受け流して素通りさせるかのどちらかだ。もちろん、受け流すコツを学ぶほうが穏やかな日常を送る近道であるのは言うまでもない。

ある考えが頭に浮かんだとする。それは1つの考えであって、それ以外のなにものでもない。あなたの同意なしに勝手に悪さをするはずもない。

たとえば、幼いころを思い出して「両親がちゃんとしてくれなかった」ことに怒りを感じたとする。そのことにこだわりつづけて心に膿《うみ》をためることもできる。頭の中でそれに意義を与えて、そのせいで自分は不幸なんだと確信することもできる。

あるいは、**いま自分は頭の中で悩みごとの雪だるまを育てようとしてるんだと気づき、それを受け流すこともできる。**だからといって子供時代の悩みが消えるわけではないが、いまこの瞬間にどっちの思いを優先させるか、その選択権はあなたが握っているのだ。

これと同じことが、たった5分前に考えたことにも応用できる。

玄関から出て会社に着くまでのあいだに頭の中で口論が起きている。それは今夜も、来週も、いまから10日後も起きることだ。どの場合でも頭にひしめく否定的な思いを受け流すようつとめれば、穏やかな感情がすぐそこにあることに気づくだろう。そして穏やかな心境になれば、本来あなたに備わっている知恵と常識で自分がどうしたいのかがわかるようになる。

この戦略は訓練が必要だが、その努力は確実にむくわれる。

068

身近な人こそ教えてくれる

いろいろな人たちを観察して私がいちばん悲しく思うことは、もっとも身近な人々——両親、夫や妻、子供たち、友人——からなにかを学ぼうとしない人たちが多いことだ。

恥ずかしさ、不安、頑固さ、またはプライドから心を閉ざしてしまう。「この相手から学べることはすべて学んだ、もうなにも学ぶことはない（その必要はない）」と言っているかのようだ。

もっとも身近な人たちは私たちのことをもっともよく知っているだけに、これは悲しいことだ。彼らはこっちが自虐的な行動をとっているのを見抜き、ごく単純な解決策を出してくれたりする。こっちのプライドが強すぎたり頑固すぎたりすると、人生を向上させる単純ですばらしい方法に気づくチャンスを失ってしまう。

私は家族や友人の提案に心を開こうとつとめている。実際に「ぼくが自分で気づいてない点はどこかな?」と家族や友人に聞くこともある。聞かれた相手が特別扱いされたと喜ぶだけではなく、私自身もいいアドバイスをもらえたりする。

自分を向上させる簡単な近道なのだが、だれもこれを活用していない。ほんの少しの勇気と謙虚さがあれば、あとは自分のエゴに目をつぶるだけでいいのだ。

提案を無視したり、それを批判ととったり、家族のだれかをないがしろにする癖がある人には、とくにおすすめしたい。あなたが誠実にアドバイスを求めたら、彼らがどんなに驚くか想像してみてほしい。

その場合は、相手が答えられるようなことを聞こう。たとえば、私は父によく仕事のことで質問する。たまには説教されることがあるが、それはそれでいい。父からアドバイスされることで、もっと厄介な学び方をしないですむのだから。

069

幸せはいまいる場所にある

悲しいことに、私たちの多くは幸せになるのを延期しようとする――それも無限に。「いつかきっと幸せになるはずだ」と自分に言いきかせて。

請求書をすべて払い終わったら、学校を卒業したら、就職したら、昇進したら――きっと幸せがやってくる。結婚したら、子供が生まれたら――人生はもっとよくなるはずだ。

やがて、子供が早く大きくならないことで欲求不満になる――さっさと大きくなったらいいのにと思う。やがて、子供が十代の難しい年ごろになるとまたカリカリする。その年ごろを越えてくれたらきっと幸せになれる。妻や夫がきちんとやってくれたら、もっといい車を手に入れたら、引退してすばらしい休暇旅行に出かけられたら、きっと幸せになれる……。そう、リストはえんえんと続く。

一方で人生はどんどん進んでいく。**幸せになるのはいまこのときをおいてない、というのが真実だ。**いまじゃないとしたら、いつ？　あなたの人生はつねにチャレンジに満ちている。そう自覚して、とにかく幸せになろうと決めるのがいちばんだ。

私はアルフレッド・D・ソウザの言葉を引用するのが好きだ。彼はこう言った。「私は長いこと、本物の人生はこれから始まると思って過ごしてきた。だが、いつもなにかに邪魔されてきた——先に片づけなければならないこと、やりかけの仕事、借金の返済。それが終わったら人生が始まるだろう、と。やがてついに私は悟った。こういった邪魔ものこそ、私の人生だったのだ」

幸せになる道などないことを私は彼の言葉に教えられた。そう、幸せこそが道なのだ。

070

日ごろの心がけがその人をつくる

日ごろ心がけて実践していることがその人をつくる。

なにかがうまくいかないとイライラする、だれかに批判されるとムキになって自己防衛に出る、自分の正しさを主張する、不運におそわれると頭の中で雪だるまを太らせる、人生を非常事態だと受けとめる——そういう習慣が身についていると、残念なことに人生はその繰り返しになる。欲求不満におちいるのは、ある意味で、〝欲求不満におちいる〟癖がついているからだ。

しかし、これと同じように、思いやり、忍耐、親切、謙遜《けんそん》、平和といったたい要素も、日ごろの心がけで身につけることができる。とすれば、なにを心がけるか慎重に選ばなければならない。

たえまない向上を目標に掲げて生きる、などという一大プロジェクトを提案しているわけではない。ただ自分の癖や習慣に気づくだけで、かなりちがってくると言いたいだけ。

いつもなにに注意しているか？　時間の使い方は？　定めた目標に到達しやすい習慣を心がけているか？　自分の理想とする人生と現実の人生は釣り合いがとれているか？

こういった大切なことを自分に問いかけ、正直に答えるだけでいい。そうすれば自分がなにを心がければいいかわかってくる。「もっと自分のために時間を使いたい」とか「前から瞑想を習いたかった」とかいつも思いながら、その時間がとれないことがあるのでは？

悲しいことに、心に栄養をつける時間をとらずに、車を洗ったり楽しくもないテレビやビデオを見たりすることに時間をさいている人たちが多い。日ごろの心がけがその人をつくる、ということを頭に入れておけば、いままでとはちがう癖や習慣を選ぶようになるだろう。

071

心を静める

「人の悩みのすべては、一人きりで静かに部屋に座っていられないことから生じる」とパスカルは言った。

私はそこまで深い境地に達することができるかどうか自信がないが、心を静めてこそ心の平安が生まれることは確信している。そして心の平安が体の安らぎにつながることも。

内省、深呼吸、黙想、視覚化など心を静めるテクニックはたくさんあるが、世界的にもっとも広く受け入れられているのが瞑想だ。1日わずか5分から10分ほどで心を静めることができる。そこから生じた静まりは日常の暮らしに波及し、小さなことに前ほどカリカリしなくなってくる。瞑想は究極の解放感を味わい、穏やかな心境になる方法を教えてくれる。

瞑想にはさまざまなやり方がある。しかし意識をからっぽにするという基本線は同じだ。またふつう、静かな環境で一人きりで行われる。**まず目を閉じて意識を呼吸に向ける――吸って吐く、吸って吐く。頭に雑念が入り込んだら、そっと押しやって意識を呼吸にもどす。**それを何度も繰り返す。続けるうちに、意識を呼吸に向けながら頭から雑念を追い出すことができるようになる。

瞑想はそんなに楽なものじゃない、とすぐに気づくだろう。心を静めようとしたとたんに雑念が入り込むことにも。初心者は数秒も意識を集中させることができない。

コツは、ゆっくりと慣れていくよう自分にやさしくすることにある。最初からがっくりこないで。1日ほんの数分でもいい、続ければすばらしい効果がある。あなたの地元にも瞑想クラスがあるはずだし、本を読んで独習することもできるが、おすすめはビデオテープ（目を閉じて本を読むのは難しい）。私のお気に入りはラリー・ル・シャン著『瞑想のやり方』（邦訳なし）で本とビデオがある。

「自分自身」と平和に仲よくやっている人で、日ごろ瞑想に時間をさいていない人を私は知らない。

072

ヨガを習う

リラックスして穏やかに生きるための手段として、瞑想と同じようにヨガも非常に人気がある。ヨガは頭をすっきりさせ意識を解放して、落ち着いた穏やかな心をもたらす手段として、数世紀にわたって活用されている。

これは簡単だし、1日に数分しかかからない。さらに、どんな年齢や体型の持ち主でも参加できる。私が前にヘルスクラブで参加したクラスには10歳の男の子と87歳の老人がいた。ヨガは人と競争するものではなく、人それぞれの速度と快さをめどに進めていくものだ。

ヨガは基本的には体を鍛えるものではあるが、その効果は心身両面におよぶ。体の面では筋肉や背筋を伸ばし、柔軟性を高める。心の面ではストレス減らしの立て役者だ。心身のつながりのバランスをとり、落ち着いた穏やかな心境をもたらしてくれる。

ヨガは楽なものときついものを組み合わせた一連のストレッチ体操で始まる。このストレッチは体を開いて背筋を伸ばすのが目的。首筋、背中、腰、足、背筋といったよくこる部位を重点的にほぐす。ストレッチをしながら、意識をいましていることに集中させる。

ヨガの効果は、じつに目覚ましいものがある。わずか数分で体がほぐれ、心が穏やかに解放されるのだ。頭もすっきりする。その日ずっと集中できて楽になる。私は前は忙しくてヨガをする時間なんかない、と信じていた。いまはその反対だ――ヨガをしない時間など考えられない、のである。これをせずにはいられないほど大切なのだ。

ヨガによって若さと活力がわいてくる。家族や友人と一緒にやる時間は、とても穏やかで心が休まる。私は娘たちとテレビを見るかわりに、ヨガのビデオをかけて一緒に数分ほどストレッチをする。

瞑想と同じく、地元のコミュニティ・センターやヘルスクラブでもヨガを教えているから、のぞいてみることをおすすめする。

073

小さな思いやりを頭の回線に組み入れる

もっとやさしくて愛情深い人になるには行動が必要だ。

それでいて皮肉なことに、なにをどうすればいいかの明確な処方せんはない。**親切で寛大な行為は、自然に生まれるもの。人のためになにかをするというのが、頭の回線に組み入れられてはじめて自然にできることなのだ。**

私が学んだ教師や哲学者たちは、まず「どうしたら人に尽くせるか?」と自問しなさいと私に提案した。これは、人のためになにかする方法は無数にある、そう自分に思い出させるために大いに役だっている。実際に自問してみると、答えは無数に浮かびあがってくる。

人のために役だつことを人生の目標の1つにすれば、もっとも適切な方法を思いつく。チャンスは無限にある。

私にとっていちばんやりやすいのは自宅を友人（または見知らぬ人にも）に使ってもらうことだ。電車で老人に席をゆずったり、ジャングルジムで遊ぶ幼児に手を貸したり、グループの前で話をしたり、本を書いたり、娘の学校で奉仕活動をしたり、慈善事業に寄付したり、道でゴミを拾ったりもする。

肝心なのは、それを1回だけでいいと思わないことだ。人のためになにかやって、なぜみんなはいいことをしないんだろう、お返しをしてくれないんだろうと思わないことだ。人のためになにかするのは一生続くこと、人生について考える手段、とみなすことだ。

このゴミは出す必要がある？　あるとしたら、自分の番でなくても出しにいこう。知人が苦境におちいった？　もしかしたら彼は話を聞いてもらいたがっているかもしれない。資金不足で悩んでいる慈善団体がある？　今月は少し余分に寄付できないかな？

人のためになにかをする最善の方法は、ごく単純だということを私は学んだ。ちょっとした親切や思いやりなら毎日のようにできる。妻の新しいこころみを支えてあげること、時間をさいて話に耳を傾けること。

もっと無心の人になるという自分の目標に近づくのは容易ではないことはわかっている。だが、小さな思いやりを日常に組み入れることで、私は自分が選んだ生き方がもっともっと好きになってきた。

「与えること自体が報酬だ」ということわざがある。これは真実だ。与えることは与えられること。事実、受けるものと与えるものの大きさは同じだ。

いろいろなやり方で自分を与えるにつれ、思いもかけなかった穏やかな感情が与えられる。だれもが勝つ、とくにあなたが。

074

親切のお返しは心のぬくもり

人のためになにかをする習慣をつけるのに役だつ練習がこれだ。お返しを期待せずになにかしてあげるのがどれほど簡単で快いか、これを読むとすぐわかる。

私たちは意識するしないはべつとして、なにか人のためにしたことにたいしてお返しを求めがちだ──「ぼくがバスルームを掃除したんだから、彼女はキッチンを掃除すべきだ」とか「先週は、ぼくが子供の世話をした。今週は彼女にしてもらおうじゃないか」とか。これでは「与えることは与えられること」どころか、親切に点をつけ合っているのと同じだ。

人のためになにかするときは、それをするだけで穏やかでやさしい気持ちが生まれるのに気づくはず（あなたの心が静まっていればの話だが）。激しい運動が脳内のエンドルフィンを高めて爽快な気分になるのと同様に、親切な行為は感情を豊かにしてくれる。

自分がその行為に参加したことで生まれる豊かな感情こそが報酬なのだ。お返しはもちろん「ありがとう」の言葉さえいらない。親切にした相手にそれを知られなくてもいいのだ。

この穏やかで豊かな感情をさまたげるのは、相手もなにかすべきだという自分の思い込みである。こうしてほしい、ああしてほしいとお返しを頭でもくろむと、穏やかな感情が消えていく。解決策は「お返しがほしい」という自分の思いにまず気づき、それをやさしく打ち消すことだ。そんな思いが消えたとき、穏やかな気持ちがもどってくる。

だれかのためになにかすることを思いつき、お返しを求めずにそれができるかどうかためしてみよう。どんなことでもいい。ガレージを掃除して奥さんをびっくりさせるとか、早めに帰宅して奥さんのかわりに子供の面倒をみるとか。なにも見返りを期待せずになにかいいことをしたとき、心の中がほっとぬくもるかどうか確認しよう。

この練習をすれば、そのぬくもりこそが報酬だと気づくはずだ。

075

目先の問題は、またとない教師

最大のストレス源は人生の諸問題だと思う人がほとんどだ。ある程度、それは真実。だが、もっと正確にいえば、ストレスの増減は問題自体ではなく問題にどう対処するかで左右される。

言いかえれば、**その問題からさらにべつの問題を引き出してはいないか**、ということだ。それらを危機とみなすか、それとも教師とみなすか。

問題は、さまざまなかたちや規模や程度でやってくるが、共通点が1つある。こんなことがなければいいのに、と私たちに思わせることだ。問題と格闘すればするほど一刻も早く消えてなくなれという思いがつのり、ストレスもどんどんたまる。

皮肉だが幸いなことに、その逆もまた真なりだ。**しかたないさ、人生にはいろいろ問題がつきものだとそれを受け入れて、思い切って教師とみなすと、肩から荷物を下ろしたような気分になれる。**

あなたがしばらく格闘している問題について考えてみよう。いままでどういうふうに対処してきた？　みんなと同じように格闘して頭で何度も分析したあげく、いい解決策はなにも浮かばなかったはずだ。その格闘から生まれたものは？　たぶん、さらなる混乱とストレスだろう。

さあ、同じ問題をべつの角度から見てみよう。問題を押しやって抵抗するのではなく、それを抱きかかえてみよう。これから価値ある教訓が学べるかもしれないと自分に言いきかせてみよう。もっと注意深い人、または忍耐強い人になれと教えてくれているんじゃないか？　自分の欲望、羨望《せんぼう》、不注意、狭量のせいでこうなったんじゃないのか？　その問題がなんであれ、そこからなにかを学ぼうとする気持ちがあれば見方が変わる。

その視点にたって見直すと、目の前の問題が握りしめた拳を開くようにほどけていく。これをためしてみると、ほとんどの問題は私たちが思っているような非常事態ではないことがわかるだろう。そして、そこからいったんなにかを学んだあとは、たいてい問題のほうから遠ざかっていく。

076

知らないほうがいいこともある

むかしむかし、ある村に賢者が住んでいた。村人たちはなにか心配ごとがあるたびに彼のところに行っておうかがいをたてていた。

ある日、村の農夫が大あわてで彼のところにやってきた。

「賢者さんよ、大変だ、助けてくれ。うちの雄牛が死んじまって、畑を耕す手助けがなくなっちまった。こんな最悪なことがほかにあるかい？」

賢者は答えた。

「そうかもしれない、そうじゃないかもしれない」

農夫は村に引き返し、賢者の頭がおかしくなったと村人たちにふれまわった。こんな最悪なことが起きたのに、なぜ賢者はわからないんだろう？

その翌日、農夫の畑のそばに1頭の若くてたくましい野生の馬が現れた。農夫はその馬をつかまえて雄牛のかわりにしようと思いついた。馬をつかまえた農夫は有頂天になった。畑仕事がこんなに楽になるとは！　彼は賢者のところに謝りにいった。

「賢者さんよ、あんたは正しかった。雄牛が死んだのは最悪のことじゃなかった。あれは天の恵みが姿を変えただけだったんだ。雄牛が死んだからこそ新しい馬が手に入ったんだからな」

賢者は、また言った。

「そうかもしれない、そうじゃないかもしれない」

またかよ、と農夫は思った。こんどこそ賢者は気がくるったにちがいない。

だが、その農夫はなにが起きるのか知るよしもなかった。数日後、農夫の息子がその馬に乗っていて振り落とされた。息子は足を骨折して畑仕事が手伝えなくなった。農夫はまた賢者のところに行った。

「あの馬をつかまえたのは最高のことじゃないって、なぜわかってたんだい？

あんたの言ったとおりだったよ。わしの息子はケガをして畑仕事を手伝えなくなっちまった。こんどこそ最悪なことが起きたんだよ。あんたもそうだと認めないわけにはいかんだろう」

だが賢者は彼を穏やかな顔で見つめ、同情のこもった口調で答えた。

「そうかもしれない、そうじゃないかもしれない」

賢者があまりに無知なことに腹をたてた農夫は、地団駄《じだんだ》を踏んで村に引き返した。翌日、ふいに火ぶたがきられた戦争のために健康な男を一人残らず徴兵しようと、軍隊が村にやってきた。農夫の息子だけが徴兵をまぬかれた。ほかの若者はみんな戦死する運命なのに彼だけは命が助かった。

この小噺《こばなし》にはパワフルな教訓が含まれている。**なにが起きるか私たちには知るよしもない——知っていると思っているだけなのだ。**

私たちはつい大げさに騒ぎたて、頭の中で悪いことばかり起きるシナリオを書きあげる。ほとんどの場合、それはまちがい。落ち着いていろいろな可能性に心を開いていれば、やがてすべてはよくなると信じられるようになる。
「そうかもしれない、そうじゃないかもしれない」を忘れないように。

077

自分のすべてをありのまま認める

映画やミュージカルの『その男ゾルバ』に登場するギリシャのゾルバは、自分のことを「破滅のかたまり」と言ったという。実際に私たちはみんな破滅のかたまりで、そうじゃなければどんなにいいかと願っているにすぎない。私たちは自分が完璧な存在にほど遠いという事実を認めようとするかわりに、自分のいやなところに目をつぶろうとする。

自分のすべてをありのままに認めることが大切なのは、もっと自分にやさしさと共感をもてるようになれるから。不安だらけで自信がまるでないとき強がって「なんでもないふり」をしなくても、その事実を認めて自分にこう言いきかせることができる。「ビクついてても、かまわないんだよ」と。嫉妬《しっと》したり貪欲になったり怒ったりしたときも、その感情を否定せずに認めるようになれば、さっと乗り越えて前に進んでいける。

自分のネガティブな感情を不安がったり否定したりするのをやめれば、そういった感情に振りまわされなくなる。自分の存在すべてをありのまま認めれば、自分の人生は完璧だというふりをしたり、そうなってほしいと願う必要もなくなり、いまこの瞬間に、自分のすべてを受け入れることができる。

いやなところや欠点だらけの自分をそのまま受け入れると、ふしぎなことが起きる。ネガティブな感情だけではなくポジティブな感情もあったことに気づくようになる。

自分の利益を頭において行動することもあるけれど、信じられないほど無欲の行動をとることもあると気づくようになるだろう。不安にかられるときもあるけれど、たいていは勇気ある行動をとれることに気づくだろう。カチカチになることはたしかにある、でもリラックスできることもある、と。

自分のありのままを認めるのは「自分は完璧じゃないかもしれないが、このままでいいんだよ」と自分に言いきかせるのと同じことだ。ネガティブな感情にとりつかれたら、それも自分の一部として認めることができるようになる。

人間なんだから当然じゃないか、で片づけず、もっと自分を大きい目でやさしく見るようにしてみよう。自分は本当に「破滅のかたまり」かもしれないが、それを認めてリラックスすることができるようになる。すると周りもみんなリラックスする。

078

気を抜くことも大切だ

この本で取り上げた項目はどれも、前よりリラックスして穏やかで愛情深い人になるための戦略だ。

なかでもとくに重要なのは、自分がしていることにとらわれすぎずにリラックス感を持続させる、という大目標を忘れないことだ。いろんな戦略をためしたり心にとめておくにしても、すべてを完璧にやろうなどと思ってはいけない。たまには気を抜こう！　失敗はつきものだ。くよくよしたり欲求不満やストレスだらけになったりという以前の癖に染まっても、それに慣れること。慣れれば、なんでもなくなる。人生はプロセス——次から次に続いていく。失敗しても、そこから始めればいい。

もっと穏やかになろうとする人たちには共通の過ちがある。その1つは、小さな退歩を大げさにとらえて欲求不満におちいることだ。

その退歩を進歩のチャンス、自分を成長させるチャンスとみなせばいい。**「しまった、またやっちゃった。まあいいさ、次はもっとちがう態度をとってみよう」と自分に言いきかせることだ。**それを続けるうちに自分の反応に劇的な変化が生まれるが、それは一気に生じるものではない。

この戦略をピタリと表現した本のタイトルを聞いたことがある。『私はOKじゃない、あなたもOKじゃない、それでOK』

骨休めをしよう。100%できる人なんていやしない。大切なのは、自分がやれるだけのことをやっていて、それが正しい方向に動いているということなのだ。客観性を失わず、自分にやさしくすることを忘れなければ、たとえ失敗ばかりしでかすとしても、たいていは幸せな人生を送れるだろう。

079

人のせいにするのをやめる

なにかが期待どおりにいかなかったとき、私たちはつい「だれかのせいだ」と思いがち。捜しものが見つからないのは、だれかがどこかにおいたせい。車の調子が悪いのは、修理屋がさぼったからじゃないか。家計費が赤字なのは、カミサンが浪費したから。家が散らかりほうだいなのは、みんなが片づけないから。企画が遅れているのは、同僚がきちんと仕事していないから。例をあげればきりがない。

こういった「人のせいにする」症候群は、いまの社会にまんえんしている。個人的なレベルで見れば、自分の行動や悩みや幸せのすべては自分の責任ではなく人のせい、という考え方の浸透だ。社会的なレベルで見れば、ばかげた訴訟や犯罪者さえのけぞるような滑稽な言い訳のられつ。人のせいにする習慣に染まると、自分の怒りや欲求不満、落ち込みやストレス、不幸せはすべて人のせいだと思い込むようになる。

個人の幸せということでいえば、人のせいにしながら幸せになれるはずがない。たしかに私たちの悩みには人や環境によって生じるものもあるが、それを乗り越えて幸せをつかまなければならないのは自分だ。環境は人をつくらない、人を表現するだけだ。

1つの実験として、人のせいにするのをやめたらどうなるか見てみよう。つまり、**自分の幸せや人や環境にたいする反応に自分で責任をもつ**、ということだ。

家が散らかっているときは、だれかのせいにせず自分で掃除する！　家計費が赤字になったときは、自分がどこで節約できるか考える。いちばん大切なのは、**自分が不幸せなとき、自分を幸せにするのは自分しかいない**、と言いきかせることだ。

人のせいにするのは心身ともに莫大なエネルギーを使う。「あんたのせいでこうなった」式の思考はストレスと病気に直結する。人のせいにすれば、自分の幸不幸は自分でコントロールできず、人の行動に左右されるものとなり、生きることに無気力になる。人のせいにするのをやめれば、自分のパワーを取りもどすことができる。選択者としての自分が見えてくる。

カリカリしているときも自分がその感情の造り主だと気づく。同時に、もっと前向きな感情の造り主になれることにも気づく。人のせいにするのをやめれば、人生はもっと楽しくなり、はるかに気楽になる。

実験して、なにが起きるか見てみよう。

080

早起き鳥になる

この単純な戦略がどれだけ穏やかで意味深い生き方に貢献しているか、たくさんの例を見てきた。

ほとんどの人は朝起きて大あわてでコーヒーを飲み、家から飛び出す。1日ずっとはたらき、ぐったり疲れて帰宅する。

子供たちと家にいる奥さんにしても同じことだ。子供の登校に間に合うぎりぎりに起き出す。ほかになにもする余裕はない。

仕事をしていようと育児中の主婦だろうと、ほとんどは自分の時間をとって楽しむ余裕がないほど疲れている。疲労の解消策として、つい「眠れるときに寝ておこう」と思う。そこで時間ができると睡眠にあててしまう。そのことで心に深い欲求が生まれる――人生には仕事や育児や睡眠のほかに、もっとやるべきことがあるはずだ！

疲労にはもう1つの原因がある。充実感がないことと日常に流されることが疲労を倍増させるのだ。世間の常識にさからって睡眠をちょっぴり減らして自分のための時間をつくることで、疲労感がやわらぐかもしれない。

自分のためだけの1～2時間――1日が始まる前の――は、人生を向上させる最高の方法だ。

私はいつも午前3時か4時に起きる。コーヒーを飲んだあと、たいていヨガをやって数分ほど瞑想する。それがすむと2階に行ってしばらく書き物をし、いま楽しみに読んでいる本をめくる時間もとれる。ぼうっと座ってなにもしないときもある。毎日決まって日の出のときは手をとめて山から昇る朝日を楽しむ。電話は鳴らないし、なにかしてくれと家族に頼まれることもない、完全に自分の自由になる時間。1日でいちばん静かな時間帯だ。

妻や子供たちが起き出すまでに、すでに1日分を楽しんだという気になる。その日どんなに忙しくなろうと、きちんと「私の時間」をもったという自覚がある。自分の人生が剝奪《はくだつ》されたような感じ（残念ながら多くの人がそう感じている）はまったくない。自分の時間がもてるからこそ妻や子供たちにも時間をさけ、クライエントやほかの人たちのことも気にかけられるのだと信じている。

早起きの習慣をつけたことが人生の重大な転機になったと多くの人たちが私に言った。いままで時間がないという理由でもてなかった1人静かに過ごすひとときだ。それが早起きのおかげで楽しめるようになったのだ。

とつぜん本が読めるようになり、瞑想ができるようになり、朝日を観賞できるようになる。この充実感は、いくばくかの睡眠不足をおぎなってあまりあるほど大きい。

どうしても眠りたいのなら、夜はテレビを消して1〜2時間早くベッドに入ればすむことだ。

081

親切は小さなことに絞る

「私たちはこの世では大きいことはできません。小さなことを大きな愛をもってするだけです」とマザー・テレサは言った。

いつか大きなことをしようと壮大な計画をたてると、たったいま、小さなことをする機会が失われてしまう。私の友人がこう言ったことがある。

「もっと人のためになることをしたいんだが、いまはなにもできない。いつか、もっと成功したら多くの人のためになることをするよ」

そのあいだにも町には飢えた人たち、話し相手を求める老人たち、育児に手を貸してほしい母親たち、ゴミだらけの路地、ペンキ塗りが必要な家などなど、あなたの手を借りたい多くのことがあふれているのだ。

マザー・テレサは正しかった。私たちは世界を変えることはできないが、ちょっぴり暮らしやすくすることはできる。**私たちがしなければならないのは、小さな親切をたったいま実践すること**だ。

私が気に入っている親切のしかたは、思いついたときに自分なりの方法ですることだ。

ほんのちょっとしたことにすぎないが、大きな満足と平和をもたらしてくれる。もっとも感謝される親切とは大企業からの多額の寄付ではなく、老人ホームでの1時間のボランティア活動だったり、お金の余裕がない人からの5ドルの寄付だったりする。

小さな親切をしたところでなにも変わらないじゃないか、という思いにとらわれすぎると欲求不満になり、その無力感を口実にしてなにも行動しなくなってしまう。

だが、細心の注意をはらってなんらかの親切——なんでもいい——を実践すれば、与える喜びを感じるとともにこの地球をちょっぴり明るくするのに役だつことができる。

082

100年後は、すべて新しい人々

友達のパティが愛読している作家から学んだという知恵を教えてくれた。それは私の人生観に大きな広がりを与えた。

時の流れのなかで100年というのはそれほど長い時間ではない。しかし、確実なことが1つある。**いまから100年後、私たちはこの地球にはいない**ということだ。それを念頭においておけば、人生の危機やストレスにみまわれたときも客観的な視野にたてる。

タイヤがパンクした、鍵をなくして家から閉め出されたとしても、100年たったらどんな意味があるのか? だれかに意地悪をされる、夜勤を続けるはめになる、家が汚くてまるでブタ小屋だ、コンピュータが壊れた、休暇旅行にいくお金、新車を買うお金、もっと大きいアパートメントに引っ越すお金がない……そんなことが100年後にどんな意味がある？

いまから100年後を視野に入れると、こういったことにたいする見方が変わってくる。


今朝も私は仕事のことでちょっとした緊張状態におちいった。手ちがいでダブル・ブッキングをしてしまい、2人のクライエントが同時に現れたのだ。過度のストレスと緊張におちいらずにすんだのは、**100年後にはこの瞬間を覚えている人、気にする人はだれもいなくなるだろう**という考え方のおかげだ。

私は冷静に自分の間違いの責任をとり、彼らの1人が快く予約を変更してくれた。これもまた「大ごと」に発展したかもしれない「小さなこと」の例といえる。

083

期待を捨てれば自由になる

最近は私たちのほとんどがあまりにまじめすぎるようだ。私は長女によくこう言われる――「パパ、またまじめな顔をしてるよ」。

軽く受け流そうとつとめている人たちも本当はきまじめなのだろう。ほとんどみんな、すべてのことに不満を感じてピリピリしている――自分が5分遅刻した、だれかが5分遅刻した、渋滞に巻き込まれた、だれかにガンをつけられた、いいがかりをつけられた、請求書の支払いがたまった、さんざん順番待ちをした、料理を焦がした、ばかなミスをやってしまった――ピリピリするネタは数えあげればきりがない。

ピリピリする原因は、なにかが期待どおりにいかないとき、こんなはずじゃなかったと感じることからきている。ごく単純に私たちはこうあってほしいと願うが、期待どおりにいかないのが人生なのだ。ベンジャミン・フランクリンが的確にそれを言い当てている。

「私たちはかぎられた視野と希望と不安をモノサシにして人生をはかり、その環境が理想と一致しないと、それを苦難としてとらえる」

私たちは物や人や期待どおりの出来事を求めながら一生を送る――それが手に入らないと戦ったり苦しんだりする。

このきまじめさから抜け出す最初の一歩は、自分に問題があると認めることだ。そんな自分を変えたい、もっと気楽に生きたいと願うことだ。**自分の緊張感は自分でつくり出していることを認めなければならない。自分で設定した生き方、それにたいする反応のしかたから緊張感が生まれる**のだ。

次に、自分の期待度と欲求不満度の関係を理解しなければならない。なにかが期待どおりにいかないとき、憤慨したり悩んだりする。その一方で、期待を捨てて人生をあるがままに受け入れると、自由になる。なにかにしがみつけばきまじめになり、緊張する。なにかを手放せば軽くなる。

いい練習方法がある。今日一日なにも期待しないでおこう、という日を決めるのだ。その日は人にやさしさを期待しない。そうすれば人に冷たくされても驚いたり悩んだりせずにすむ。

もしやさしくされたらうれしい驚きを感じるだろう。今日はなにも問題が起きないことを期待するかわりに、問題がもち上がったら「ああ、このハードルも越えなくちゃ」と心の中で言う。そういう姿勢で1日を始めれば、人生はいかに優雅になるか気づくだろう。人生に刃向かって戦うのではなく、人生とダンスをするようになる。

練習を続ければ、まもなく人生すべてが軽やかになるはずだ。軽やかになれば、人生はもっと楽しくなる。

084

植物をかわいがる

一見、奇妙な提案に思われるかもしれない。植物をかわいがってなんの効果があるんだ、と。精神的な生活と心の充足に欠かせないことの1つに、無償の愛を学ぶことがあげられる。

どんな相手でもその人を無条件に愛するのはとても難しいことだ。私たちが愛そうとする相手は、決まって気に入らないことを言ったりしたりし、こっちの期待をうらぎる。すると私たちは腹をたて、愛情に条件をつける。「愛してあげるけど、あなたも変わらないとだめ。私の期待どおりにしてくれなくちゃや」

なかには周りの人たちよりペットを愛するほうが得意な人もいる。とはいえペットに無償の愛を注ぐのも大変なことだ。真夜中にワンワン吠えて起こされたり、お気に入りの絨毯《じゅうたん》を汚されたりしたら？　それでも変わらず愛せるだろうか？　私の娘たちはウサギを飼っている。だが私の美しい木彫りの門扉がかじられたときは、さすがにそのウサギに愛情をもてなかった！

その点、**植物なら、そのままで愛することができる。植物を育てるのは無償の愛を注ぐ絶好の機会になる。**

どの宗教も無償の愛を説いているのはなぜだろう？　愛にはすばらしい変換パワーがあるためだ。無償の愛は与える側と受ける側の双方に平和な気持ちをもたらす。

室内でも戸外でもいいから植物を1つ選び、毎日それをながめよう。その植物を自分の子供のように育てて愛してみよう（自分の子供よりずっと手間がからない――夜泣きもしないし、オムツもいらない）。

その植物に話しかけ、どんなに愛しているかささやこう。花が咲いても咲かなくても、すくすく伸びても枯れても愛を注ごう。ただ愛するだけでいい。その植物に無償の愛を注ぐとき自分がどう感じるか気づこう。そういう愛情には、イライラや憤りはまったく含まれない。植物を見るたびに、1日に少なくとも1回はそういった愛を注ぐ練習をしよう。

しばらく続けると、じきに愛情と思いやりが植物以外にも向けられるようになる。愛を注ぐ心地よさに気づいたら、周りの人たちにも注げないかどうかためしてみよう。相手が変わることを期待しないでも愛せるように練習する。ありのままのその人を愛せるように。

植物はすばらしい教師——あなたに愛情のパワーを教えてくれる。

085

問題にたいする見方を変える

支障や問題は人生につきもの。

真の幸せはすべての問題が消えたとき訪れるのではなく、問題にたいする姿勢を変えて、それらを気づきと忍耐を学ぶ場としてとらえたときにやってくる。心豊かな人生の基本は、さまざまな問題を、心を開かせる最適の場としてとらえることにある。

たしかに解決しなければならない問題もある。しかし、ほとんどの問題は人生の現実と理想のギャップを埋めようともがくことで生じる。内面の平和は、苦痛と快楽、成功と失敗、喜びと悲しみ、誕生と死といった人生の避けがたい矛盾を理解して受け入れることで得られる。人生の諸問題は、私たちに慈愛と謙虚と忍耐を学ばせてくれる。

仏教の教えでは、苦難は人の成長と心の平和に欠かせない要素だとみなされている。チベットの信者は、こんなふうに祈るという――「この旅で私にふさわしい苦難を与えてください、私の心が真に目覚めて解放され、宇宙と一体になれますように」と。

なんの苦労もない人生には成長する機会がほとんどないようだ。

自ら問題を求めることまではしなくてもいい。ただ、問題から逃げたり振りきることに時間をついやさず、**それらを人生の大切な一部として受け入れることに時間をかける**ことをおすすめしたい。そうすれば、人生は戦いではなくダンスに近いことを発見するだろう。

あるがままに受け入れるという哲学は、流れにそって生きていく原点でもある。

086

口論するときは、まず相手の意見を理解する

考えるとおもしろいことだが、だれかと口論したとき、その相手はあなたと同じぐらい自分の意見が正しいと信じているのだ。それでいて私たちはつねに味方する――自分の側に！　そこからなにも学びたくないという私たちのエゴのなせるわざだ。この癖は必要のないストレスも増加させる。

相手の意見をまず理解するというこの戦略を私がはじめてためしたとき、実にすばらしいことが起きたのに気づいた。心が傷つくどころか、相手にもっと親しみを感じることができたのだ。

たとえば友達がこう言ったとしよう――「革新派（または保守派）が社会悪の根源じゃないかな」。そのとき自動的に自分の立場（どちら派であっても）

を弁護するかわりに、なにか新しいことを学べないか考える。

「なぜそう思うのか説明してくれないか」と友達に言ってみよう。相手をやっつけようとの意図からではなく、ただ自分とはちがう見方を知りたいと単純に思うこと。相手のまちがいを指摘するのではなく、充分に言いたいことを話させて満足させる。これは、いい聞き手になる練習だ。

一般に信じられているのとは逆に、こういう姿勢をとっても弱者にはならない。**相手の意見を優先させたからといって、あなたに信念がないとか自分の非を認めたということにはならない**のだ。ただ相手の見方を理解しようとしているだけ——まず最初に相手を理解しようとしているのだ。

自分の正しさをたえず証明するには多大なエネルギーがいる。ところが、相手に正しさを主張させるにはほとんどエネルギーがいらず、むしろエネルギーが増大する。

相手の立場や意見を理解すると、幾つかのすばらしいことが起きてくる。

第一に、新しいことが学べる。視野が広がる。第二に、あなたがきちんと聞いていることがわかると、その相手はあなたにたいしてもっと敬意をはらうようになる。相手をさえぎって自分を主張すると、その相手はもっと独断的になったり自己防衛に走ったりする。

ほとんどの場合、あなたが態度をやわらげれば相手もやわらげる。すぐにそうなるとはかぎらないが、やがて必ずそうなるものだ。相手をまず理解しようとすることは、自分の主張よりも相手にたいする愛と敬意を優先させるという意味だ。これは無償の愛の練習でもある。

さらに、その相手があなたの意見に耳を傾けるかもしれないという利点もある。相手があなたの意見を聞くかどうかの保証はないが、確実なことが1つある。**あなたが耳を傾けなければ、相手もあなたに耳を傾けない**ということだ。先に相手の意見を聞こうとすることによって、この頑固な輪を断ち切ることができる。

087

「人生の業績」について考え直す

いわゆる業績と呼ばれるものに、私たちは目を奪われがちだ。人から認められたり称賛されたりといった業績を上げることにきゅうきゅうとするあまり、真に意味のある業績とはなにかが見えなくなっている。

「意味のある業績とはなんだと思いますか?」と質問すると、判で押したように「大きな目標を達成すること」とか「稼ぎまくること」とか「昇進すること」とか「人に抜きん出ること、称賛を集めること」といった答えが返ってくる。

ほとんどは人生の外で、つまり私たちの外の世界で起きることばかりだ。むろん、この手の業績が悪いもののはずはない——査定したり環境を改善する手段でもある。

しかし、幸福と心の平和を第一の目標にした場合には、もっとも重要な業績とはいえない。地元の新聞に顔写真がのるのは気分がいいかもしれないが、逆境にあっても泰然としていることを学ぶほうが意義がある。それなのに多くの人は新聞に写真がのることを偉大な業績と受けとめ、「泰然としている」ことは業績のうちに入らないと感じている。私たちの優先順位はどこにいったのか？

穏やかで愛情深い人になるのが第一の目標だとしたら、「意味のある業績とは親切や幸福という要素を大切にすること」ともう一度定義しなおしてみては？

自分にとってもっとも意味のある業績とは、自分の内側から出てくるものだと私は思う。自分や他人に親切にしたか？　ことが起きたとき過剰反応せず落ち着いていられたか？　自分は幸せか？　怒りを心にとどめず水に流すことができたか？　かたくなすぎなかったか？　人を許したか？

こういった自問は、**成功をはかるハカリは私たちの業績ではなく、私たちの人格や愛情の井戸の深さにある**ことを思い出させてくれる。外側の業績だけに目を向けるのではなく、本当に大切なのはなにかを見きわめよう。

意味のある業績について再定義してみると、正しい道を見失わずにすむ。

088

自分の内なる声を聞く

人には人生をナビゲートする確実な羅針盤が備わっている。それは感情で成りたっていて、軌道をはずれて不幸せな道に迷い込んでいないかどうか教えてくれる。感情は心の中の天気を示すバロメーターの役を果たす。

なにかの考えにとらわれたり悩みごとにとりつかれていないとき、感情はおおむねポジティブにはたらく。自分にとっていいほうに考えている証拠だ。そのときは意識して調節する必要はない。

なにか不愉快なこと——怒りや憤り、落ち込み、ストレスや欲求不満——を経験しているとき、感情の警報装置は赤信号を点滅させる。軌道をはずれたことを知らせ、考え方に風を入れて客観的な視野にたてと告げるのだ。このときは意識して調整しなければならない。**ネガティブな感情を、車のダッシュボードについている警告ランプと同じだと思えばいい。それが点滅したら、心をゆるめるとき**だ。

一般に思われているのとは逆に、ネガティブな感情をじっくり分析する必要はない。そんな感情を分析すれば、もっと増殖するだけだ。

こんど、いやな気分におちいったときは「分析癖」にとりつかれるかわりに「なぜこんなふうに感じるんだろう」といぶかり、自分の感情をガイドにして平静な気分にもどれないかどうかためしてみよう。ネガティブな感情など存在しないというふりをせず、**悲しみや怒りやストレスを感じているのは「小さいことにくよくよしている」からだ**――人生をあまりにきまじめに考えすぎているからだ、と自分に言いきかせよう。腕まくりして人生に立ち向かうかわりに、一歩さがってリラックスしよう。

人生は、あなたがそうしないかぎりは非常事態にはならないことを忘れないように。

089

人が投げたボールをすべてキャッチすることはない

親友のベンジャミン・シールドがこれを私に教えてくれた。私たちの葛藤は、人の問題におせっかいにも口出しすることから起きる場合が多い。だれかに悩みごとを打ち明けられると、それを受けとめなければと考えて応じてしまう。

たとえば、ひどく忙しいときに友達から電話でこう訴えられたとする――「母のことで頭にきてるの。どうしたらいいと思う?」こっちは「悪いけど私には関係ない」と思っているのに、つい投げられたボールをキャッチして問題を解決しようとする。そして後になってストレスを感じ、予定が遅れたことで腹をたて、みんなが勝手なことばかり言ってくるように感じる。

投げられたボールをキャッチすることはない。それを覚えておくとストレスがかなり解消される。友達が電話してきても、彼なり彼女なりが誘い込もうとするキャッチボールに参加しなくてもいいのだ。こっちが餌にかからなければ、相手はだれかべつの人を釣ろうとするだろう。

だからといって、けっしてボールをキャッチするなというのではない。**そうしたいときだけすればいい**という意味だ。友達のことを気にかけないということでもないし、冷たいひねくれ者になるわけでもない。もっと穏やかな人生を歩むためには自分自身の限界を知ることが必要だし、自分が参加することには責任をもつことも必要だ。

私たちは毎日のように無数のボールを投げられている——職場で、家庭で、子供、友人、隣人、販売員、見知らぬ人たちからさえも。投げられたボールをぜんぶキャッチしていたら私は気がへんになるし、あなただってそうだと思う。鍵は、投げられたボールをいつキャッチすればいいか自分でコントロールすることにある。そうすれば犠牲者になった気分を味わわずにすむ。

目がまわるほど忙しいとき電話に出て話すことも、ボールをキャッチする1つのかたちだ。電話に出れば、その時間も気力もエネルギーもないのにいやおうなく参加させられる。電話に出なければ、自分の心の平和にたいして責任をもつことになる。

これは侮辱されたり批判されたりしたときにも応用できる。だれかに批判されたとき、そのボールをキャッチして傷つくこともできるし、それを受けとめずに1日をすっきり送ることもできる。

090

この一幕もまた過ぎていく

これは私自身の生き方に取り入れている戦略。いいことと悪いこと、喜びと悲しみ、成功と失敗、名声と恥辱……すべて現れては消えていくことをつねに思い出すための作戦だ。ものごとにはすべて始まりと終わりがある、それがあるべき姿だ。

あなたが経験したすべてのことは終わっている。どの考えも始まっては終わった。いままでに味わったどんな感情や気分も永遠に持続することはなかった。これまで幸せ、悲しみ、嫉妬、落ち込み、怒り、恋、恥、誇りといった人がもつあらゆる感情を味わった。そういった感情はどこにいったのだろう？　その答えはだれも知らない。私たちが知っているのは、すべてはやがて無に帰るということだけだ。

この真理を歓迎することによって自分を解放する冒険の旅が始まる。

私たちの失望は、2つの道を通ってやってくる。

楽しんでいるとき、私たちはそれが永遠に続いたらと願う。でも、そうはならない。または苦痛を感じているとき、それが消えてくれたらと願う——たったいま。だが、そうはならない。この自然な流れに逆らってもがいた結果、不幸な思いが生まれる。

人生とは次々に変わっていくものだと気づくことが、この訓練にとても役だつ。いまこの瞬間のあとに、またいまの瞬間がやってくる。なにか楽しいことをしているとき、幸せな気分を味わいつつも、やがてはべつのなにかが取ってかわることを自覚する。

それを知っていれば、その瞬間が変わるときも心穏やかでいられる。苦痛や不快を味わっているときは、やがては過ぎていくと悟っておく。そのことを心にとめておけば、逆境にあっても落ち着いていられる。
いつも簡単にできるとはかぎらないが、たいていうまくいく。

091

人生を愛で満たそう

愛に満たされた人生を望まない人にはお目にかかったことがない。そんな生き方をするには、まず自分から愛する努力をしなければならない。**相手が愛してくれるのを待つのではなく、自分が愛の源になることだ。**みんながまねするように、まず私たちが自分の心にある愛の井戸をくみ上げる必要がある。

「2つの点を結ぶ最短距離は直線である」と言うが、これは愛に満たされた人生についてもあてはまる。愛に満たされた人生の開始点は、自分が愛の源になろうと願って実践すること。まず自分のほうから親切や愛情深い態度を示せば、目標にどんどん近づくことができる。

自分の人生には愛が足りない、この世界には愛が足りないと感じたとき、1つ実験をしてみよう。世界やほかの人たちのことはしばらく忘れて、自分の心の中をのぞいてみる。

自分はより大きな愛の源になれるのか？　自分や他人を慈しむような考え方ができるのか？　その慈しむ考え方を外の世界に——愛するにはあたらないと思うような人たちにさえも——拡大できるだろうか？

より大きな愛の可能性に心を開き、自分が愛の源になる（愛の剝奪者ではなく）ことによって、あなたが望んでいる愛に満たされた人生に向けて大きな一歩を踏み出すことができる。同時に、驚くべき真実も発見するだろう。愛は与えれば与えるほど満たされていくということを。

愛情深い人になろうとするのは自分でコントロールできることだ。そう意識して、愛をもらうより与えるほうを優先させるうちに、いつのまにか人生が愛で満たされていることに気づくだろう。

まもなく、あなたは世界最大の秘密の１つを発見する――愛の報酬は愛だということを。

092

思考のパワーを自覚する

頭脳のしくみについて1つだけ気づくべきだとしたら、もっとも重要なのは思考と感情の密接な関係についてだろう。

自分がたえず考えていることを自覚することが大切だ。「当たり前じゃないか、そんなこととっくにわかってるさ」と思わないでほしい。たとえば、自分の呼吸について考えてほしい。あなたがこれを読んでいるこの瞬間まで、自分が呼吸していることを意識していなかったはずだ。私たちは息が止まらないかぎり、そのことを忘れている。

思考も同じようにはたらく。いつも考えているため、自分が考えているということを忘れがちだ。しかし呼吸とちがって、考えていることを忘れると重大な問題が発生する――不幸、怒り、葛藤、ストレスなどだ。なぜそうなるかというと、**考えていることはつねに自分の感情として反映される**からだ。それは点と点の関係にある。

なにも怒る理由がないのに怒ろうとしてみよう！　次に、べつに理由がないのにストレスがたまったと感じてみよう。悲しくないのに悲しいと感じ、嫉妬のタネがないのに嫉妬したと感じてもいい。できるはずがない――不可能だから。本当の話、**その感情を生み出す思考がないとなにも始まらない**のだ。

不幸は、それ自体では成りたたない。不幸という感覚は、人生を否定的に考えたときに生じる。その思考がなければ不幸やストレスや嫉妬は成りたたない。否定的な感情に居場所を与えるのは、あなたの思考にほかならない。

次にカリカリ頭にきたときは、自分の思考に気づこう――きっとネガティブなはずだ。ネガティブなのは自分の思考であって自分の人生ではない。この単純なことに気づくことが幸せを呼び込む第一歩となる。

練習が必要だが、続ければ自分のネガティブな思考をピクニックで広げた弁当にたかるハエのように手で追いはらって、悠々と楽しめるようになる。

093

「モア・イズ・ベター」という考え方を捨てる

私たちは歴史始まって以来、もっとも豊かな文化を享受している。アメリカの人口は世界のわずか5％にすぎないのに、世界の天然資源の半分近くを消費していると推定されている。「モア・イズ・ベター」が本当だとすれば、私たちはもっと幸せでもっと充実した人生を送っているはずだ。だが、実際はそうではない。それどころではない。事実、私たちは史上もっとも混乱した文化のなかで暮らしているのだ。

物をたくさんもつことが悪いとかまちがっているというのではなく、もっと多くの物を求めるのが狂気の沙汰《さた》なのだ。「モア・イズ・ベター」と考えているかぎり、けっして満足することはない。

私たちはなにかを手に入れたり、なにかを終えたとたんに次のことに向かう――ただちに。これでは人生や多くの恵みを味わう暇もない。

高級住宅地のすてきな家を買った男性を知っている。彼は引っ越しをするまでは、とても幸せだった。ところが、その感激はたちまち薄れ、もっと大きくてより立派な家がほしくなった。彼は「モア・イズ・ベター」の考え方に染まっていて、買ったばかりの家を一日も楽しむ余裕がなかったのだ。

程度の差はあるとしても私たちはみんな同じだ。ダライ・ラマが１９８９年にノーベル平和賞を授与されたときに記者から最初に受けた質問は「次はなんですか?」だった。

私たちはなにをやっても――家や車を買う、食事をする、パートナーを見つける、服を買う、権威ある賞を受けてさえも――足るを知らないようだ。

この悪い癖を克服するコツは、もたないことが問題なのではなく、もっと求めることが問題なのだ――つまり**「モア・イズ・ノット・ベター」**だと自分に

言いきかせること。

足るを知るというのは、もう物をもったり求めたりすべきでないということではなく、幸福は物によって与えられないと知ることだ。もっとほしいと願う気持ちではなく、いま現在に意識を向けることによって、もっているもので幸せになることはできるのだ。

あれがあったら、という思いが頭に浮かんだら、それが手に入ったとしても満足しないだろうとやさしく自分を説得しよう。なにかをほしがる思考の図式はリピートするからだ。

すでに与えられているものにたいして感謝することを学ぼう。人生をはじめて見るかのように見つめよう。この新しい見方を身につければ、新しい物や成果が人生に現れたとき、それに感謝する思いがさらに深まっているだろう。

幸福になるためのすばらしい手段は、もっているものとほしいものを分別することだ。もっと多くのものと幸せを追い求めて一生を送ることもできる――

または、もうほしがらないと心に決めることもできる。後者のほうがはるかに
実行しやすいし、充足をもたらしてくれる。

094

「いちばん大切なことはなにか?」

日常のあわただしさや責任の重さに圧倒され、私たちはとかく道を見失って流されたままになりがちだ。

いったんそうなると、心の奥でいちばん大切にしているものを忘れたり引き延ばそうとする誘惑にかられる。そんなとき、私は「いちばん大切なことはなにか?」と自問しつづけることにしている。

私は早朝の儀式の1つに、その自問を取り入れている。**なにがいちばん大切か自分に確認することで優先順位をはっきりさせられるからだ。**

おおいかぶさってくる責任の渦のなかで、私の人生にとってもっとも大切なこと、最大のエネルギーを注ぐ場所を選択することができる――私にとって、それは妻や子供たちの要求に応じられること、書き物をすること、穏やかな心になるために訓練をすること、などだ。

一見ごく単純なこの戦略は、自分をきちんと軌道にのせるためにとても役だっている。「いちばん大切なことはなにか?」と数分ほど考えていると、目先のことに意識が集中でき、せかせかしなくなり、自分の正当性を主張することに魅力を感じなくなる。

反対に、そう自問するのを忘れると優先順位が頭から消え、忙しさに流されてしまう。目が覚めたとたんに家を飛び出して仕事場に駆けつけ、遅くまではたらき、心や体の訓練はそっちのけにして人生の目標とはほど遠いことばかりやってしまう。

ほんの1分でいいから、定期的に「いちばん大切なのはなにか?」と自問するようにすれば、自分が定めた目標と摩擦するような選択をしていると気づくだろう。

これは自分の行動を目標に近づけるとともに、愛情ある決断をするよう自分を励ますための訓練だ。

095

直観を信じる

「なぜあのときああしなかったんだろう?」
そう思ったことがどれだけある? そうすべきだと直観したのに、あえてそうしなかったことが何度ある?

自分を信じることは、なにをすべきか、どう変えるべきかを告げる心の奥の声を聞きとって信じるということだ。

私たちの多くは、心が告げる直観に耳を貸そうとしない。深く考えもしないで結論が出せるわけがないと思ったり、明らかに正しい答えが出てくるのを恐れて。「そんな答えなんか、正しいはずがない」とか「そんなことできっこない」と自分を説得しつづけたあげく、心の奥の声を打ち消してしまうのだ。自分の限界を決めれば、その限界は自分のものになってしまう。

直観が告げる答えは正しくないんじゃないか、という不安を克服できれば、人生はふしぎに満ちた冒険の旅になる。

自分の直観を信じるのは、楽しみと知恵の国の垣根を取りはらうのと同じことだ。自分の内にある最高の知恵と長所に目と心を向ける手段でもある。

直観を信じることに慣れていないなら、まず一人で静かに心の声に耳を傾けること。例によって否定的な雑念が浮かんでもそれを打ち消し、心の奥の穏やかな声が浮かび上がるのを待つ。いつになくやさしい思いが浮かんできたら、それをメモして行動に移す。

たとえば、だれか愛する人に手紙を書いたり電話をかけようと思いついたら、そのとおりにする。こんな癖に注意しようと思いついたら、それに注意する。

直観が与えてくれるメッセージを実行に移すと、なんらかの愛情ある行為がむくわれることが多い。今日から直観を信じてみよう。あなたの人生が大きく変わることがわかるから。

096

「あるがまま」に心を開く

「こうあってほしい」とないものねだりをするのではなく「あるがまま」に心を開く、それが多くの哲学に共通する基本精神の1つだ。

私たちの葛藤の大半は「人生をコントロールしたい、いまとはちがうものにしたい」という欲望から生じる。だからこそ「あるがまま」に心を開くことが大切なのだ。人生は理想どおりに進むとはかぎらない（そんなことはめったにない）――それが人生なのだ。この真理を認識すればするほど、心の平和が大きくなる。

人生はこうあるべき、という先入観にとらわれると、いまの瞬間を楽しんでそこから学ぶ機会を見失う。いま自分が経験していることを尊ぶ気持ちが薄れてしまう。

子供の不平や妻または夫の小言に反応するかわりに、それをあるがまま受け入れるようにしてみよう。彼らがあなたの期待どおりに行動しなくたってかまわないではないか。または企画が通らなかったとき「負けた」と感じるかわりに「ああ、ボツか。次は認めさせるようにしよう」と考える。1つ深呼吸して自分の反応をやわらげよう。

不平や小言や失敗なんかなんでもないというふりをせずに、心を開いてそれらを超越する――つまり**自分の計画どおりに人生が進まなくてもいいんだ、と思う。**

日常のさまざまな問題のただ中で心を開くように練習すれば、やがて悩みの多くは気にならなくなる。バランスがとれたものの見方ができるようになる。悩みと格闘すれば人生は戦場になり、あなたはピンポン玉のように卓球台を行き交うだけとなる。だが、いまの瞬間に心を開いて「あるがまま」を受け入れると、もっと穏やかな思いが浮かび上がってくる。

このテクニックを小さなことから応用してみよう。しだいに大きなことにも応用できるようになる。これはとてもパワフルな生き方だ。

097

おせっかいをやくな!

自分の習慣や人生のさまざまな問題や矛盾や悩みごとに対処するだけでも大変だというのに、他人の問題にまでかかずらおうとすると、もっと穏やかに生きるという目標の実現は不可能になる。

「私が彼女だったら、あんなことしない」とか「彼があんなことするなんて信じられない」とか「彼女ったらなに考えてるんだか」といったことを、どのぐらいひんぱんに口にしている? 自分の力のおよばないこと、助けてあげられないこと、まるで自分には関係ないことに、どれぐらい不満やいらだちを感じている?

人に助け船を出すなとは言わない。助け船を出すべきときと、ほうっておくべきときをきちんとわきまえる、ということなのだ。

私は、頼まれもしないのにおせっかいをやきたがるタイプだった。その努力は実らないばかりか、たいていは感謝もされず、ときにはひんしゅくや怒りさえかった。

よけいなおせっかいをやく癖を直してから、私の人生はとてもシンプルになった。そして、おせっかいをやめたいまは、頼まれたり本当に必要とされたときに、心ゆくまで助け船を出せるようになった。


よけいなおせっかいをやかないということは、人の悩みを解決したい誘惑をしりぞけるだけではなく、立ち聞き、噂話、陰口、人がしていることを分析したり批判することも含まれる。私たちが人の欠点や悩みを気にする大きな理由の1つは、そうすれば自分の欠点や悩みを見つめずにすむからだ。

おせっかいをやこうとする自分に気づいたときは、そこから遠ざかる謙虚さと知恵ももち合わせていることを祝福しよう。

よけいなおせっかいをやめれば、本当に求められたときに百人力を発揮できるようになる。

098

平凡のなかに非凡を見いだす

あるリポーターが2人の職人に質問した。最初の職人は「なにをしているんですか?」と聞かれて、こう答えた。

「ただレンガを積み上げてるだけだよ。きついし、賃金は低いし、なんだってこんなことやってるんだか」

彼はグチをこぼしたのだ。

2人目の職人に同じ質問をすると、まるでちがう答えが返ってきた。

「おれは世界一の幸せ者だよ」と彼は言った。

「立派な建物を造る手伝いをしてるんだからね。レンガを積み上げるだけで傑作ができあがるんだ」

2人とも正しいのだ。

私たちは人生に見たいものを見る。醜いものを探せば、ふんだんに見つかる。人の欠点や自分の仕事や社会全般の弱点を探したいなら、数えきれないほど見つかる。だが、その逆もまた真実だ。平凡のなかに非凡を見いだそうとすれば、訓練しだいで見いだせる。

2人目のレンガ職人は、レンガのなかに大聖堂を見ている。問題は、あなたにそれが見えるかどうかだ。この世界に存在するとてつもないシンクロニシティ(共時性)、変動している宇宙の完璧さ、自然の非凡な美しさ、人の生命の信じがたい奇跡が見えるだろうか?

私からすれば、それはすべて意識の問題だ。感謝したいこと、うやうやしく感じることは身の回りにあふれている。人生は貴重で非凡なものだ。その事実を意識にとめれば、なんの変哲もないようなことが新しい意味をおびてくる。

099

自分のための時間をつくる

財務計画の分野で世界的に認識されている基本理念がある――**自分を債権者とみなして最初に自分の取り分を確保せよ**、というものだ。

みんなへの支払いがすむまで待って蓄えようとすると、なにも残らなくなるからだ。貯金を引き延ばしているうちに手遅れになってなにもできなくなってしまう。だが、いったいどうしたことか！　先に自分の取り分を確保すれば、みんなに支払えるだけのものは入ってくる。

内面の充実計画にも、まったく同じ論理があてはまる。すべての仕事や責任をやりとげてから取りかかろうとすると、その時間はけっして取れない。それは保証されている。

自分のために時間をつくるには、実際に人と会う約束をするように時間を決めるしかないことに私は気づいた。たとえば、早起きの習慣をつけて1時間ほど自分のために読書や瞑想やヨガや体操をすることもいい。なにをしようと時間の使い方はあなたの自由だ。**大切なのは、その時間を予定に入れること、それを続けること**である。

私のクライエントに、したいことをする機会を確保するために定期的にベビーシッターを雇った女性がいる。1年後のいま、彼女の努力は大きな変化をもたらした。こんなにハッピーになれるとは思ってもいなかったと彼女は言う。ベビーシッターを雇って自分のための時間をつくり出すことなど想像もつかなかった時期があった、と。実際にそうしてみると「そうしないことなど想像もできない」と彼女は言う。

いったん心を決めさえすれば、自分に必要な時間は必ず見つけられる。

100

今日が人生最後の日だと思って暮らそう

あなたはいつ死ぬだろうか？　50年後、20年後、10年後、5年後、それとも今日？

私が前回チェックしたとき、だれも答えられなかった。事故死のニュースを聞くたびに思うことがある。帰宅途中の交通事故で死んだ人は、家族に愛していると告げたかったのではないか？　彼は幸せな人生を送っていたか？　彼は愛情深かったか？　1つだけはっきりしているのは、彼のやるべきことの「書類入れ」にはまだたくさんの事項が残されていることだけだ。

余命があとどのぐらいなのか、私たちはだれも知らない。だが、悲しいことに私たちは永遠に生きていられるかのように行動する。心の奥で本当にしたいと思っていること——愛している人にそう伝える、１人きりの時間を過ごす、親友を訪ねる、心のこもった手紙を書く、娘と釣りに行く、いい聞き手になる、などなど——を先送りしてしまう。自分の行動を正当化するために凝った口実をひねり出し、ほとんどの時間とエネルギーをどうでもいいことについやしてしまう。

何度も繰り返し言うように、限界を口にすれば、それは自分の限界になるのだ。

一日一日をこれが自分の最後の日であるかのように過ごそう、という提案でこの本をおしまいにしようと思う。それでジタバタしたり責任を放棄したりというのではなく、人生がどんなに貴重なものか思い起こす手だてにしていただきたい。

私の友達がこう言ったことがある——「人生は大切すぎて、きまじめにとりすぎたらもったいないよね」と。あれから10年たったいまは、彼の言うとおりだと思う。

この本が今後ともあなたの役にたつことを心から願っている。もっとも基本的な戦略「小さいことにくよくよするな！」を、どうか忘れないでほしい。みなさんの幸せを祈りながら、ここで終わりにしよう。

どうか、自分を大切にしてほしい。

訳者あとがき

「ええっ！　これを訳しているの？」

アメリカから一時もどって私の家に泊まっていた姪が、ワープロの前に置かれた本書の原稿を見てすっとん狂な声をあげた。

「いま、私の周りでこれがブームなの。みんな読んでる。居間に一冊、ベッドの横に一冊、トイレに一冊」

本書の初版本のあとがきにこう書き始めたのは、１９９８年。あれから実に25年たった今、こうして新たにあとがきを書くことになろうとは夢にも思わなかった。

当時は様々な自己啓発本が流行り始めた頃で、一足早くアメリカでは著者リチャード・カールソン始め、種々のセラピストたちがラジオやテレビの人生相談番組で活躍していた。

当時から25年たった今日も、私たちの生きにくさの度合は少しも変わっていない。相変わらず小さいことにくよくよして人生の真の価値を見失いがちな日常を送っている。

カールソンは、そんな私たちに共通する「くよくよグセ」を直して毎日を機嫌よく過ごせるコツをわかりやすい例と言葉で示してくれる。


この本の特徴は、１００の戦略のうちどこから読んでもいい点にある。日めくりのように一日一ページでもいい。目に留まった見出しの中身を読めば、その日ずっと気分よく暮らせるはずだ。どの戦略も押し付けがましさは微塵もなく、共感できる内容になっている。

思いやり、謙虚な心、忍耐など対人関係に必要な要素はすべて訓練（トレーニング）で育つという著者の主張はとても明確でわかりやすく、現代にも完全に調和している。

それは「人の話を聞くのが苦手で、自分の意見を通したがり、すぐにイライラするクセ」に悩んだ著者が、セラピストとしての数十年間にクライエントと自分にとって最も有効な方法を編み出し、協力して実践していった背景があればこそである。

本書は当時全米で500万部を売り上げた大ベストセラーとなり、世界130か国で翻訳されて今も読み継がれている。

著者のリチャード・カールソンとは奥様のクリスと来日された折にお会いしたが、本書の語り口そのままの気さくで親しみやすい方だった。本書がベストセラーになってからは自分のクリニックの他、トゥデイ・ショーなど主要なテレビやラジオ番組を受け持ち、全米の視聴者に向けてストレス軽減のコツを伝えて圧倒的に支持されてきた。

だが、次々と発行された続編の宣伝のためサンフランシスコからニューヨークに向かう機内で突然の発作で死亡と聞いた時のショックは今も忘れられない。肺動脈塞栓症、45歳。

本書のラストの項目「今日が人生最後の日だと思って暮らそう」。これは著者が身をもって私たちひとりひとりに伝えたかった究極のレッスンではないだろうか。心からご冥福を祈ると共に、短い生涯の中で凝縮された「穏やかで愛情深い人になる訓練」の教えを遺していただいたことに深く感謝している。

本書の再出版に向けて多大な尽力を賜った株式会社サンマーク出版編集部の梅田直希さんに、そして本書の日本発売のきっかけを作られた当時の担当編集者・青木由美子さんにこの場を借りて厚く御礼申し上げます。

2023年10月末日

小沢瑞穂

新版のための覚え書き

「私を見て！　私は特別。私の話はあなたの話よりずっとおもしろい」
「これって間違ってるよね？　正しいのはこっちだって、みんな思うよね？」
「世の中は不公平だ。あの人たちはキラキラでずるい。私、かわいそう……」

毎日毎日、ＳＮＳはこんなつぶやきで満ちている。いや、どばどばあふれて、ときどき沸騰している。

今まで見ることもなかった誰かの暮らしが丸見えになり、誰かと自分を比べて「不公平！」「傷ついた！」と表明する。

誰かのあやまちは一瞬でみんなが知るところになり、〝正しさ〟という旗を振り回して、みんなが競うように誰かを責め、たたき、裁く。

しかし、冒頭のつぶやきは、ＳＮＳから拾ってきたものではない。本書『小さいことにくよくよするな！』で取り上げられている、くよくよのタネだ。

本書の日本語版が出た１９９８年、ＳＮＳはごく内輪のコミュニティだった。２００４年にフェイスブックと日本のミクシィが登場すると、〝友だち〟の範囲が急激に広がり、仕事相手のプライベートだの、「元カレの今カノが驚くほどかわいい」なんて情報が、目に入ることになる。

２００５年にユーチューブ、２００６年にツイッター（現X）、２０１０年にインスタグラムが登場するや否や、全然関係ない人の買ったものや朝食メニュー、「ただいまのお気持ち」まで、毎分毎秒なだれ込んでくるようになり、やがてティックトックがみんなを踊らせ、スレッズができて今に至る。

人間関係は希薄になったと言われるけれど、薄いのに近すぎるほど近い奇妙な人間関係の海に、私たちは溺れている気さえしてくる。

2022年の総務省のデータによると、休日にスマホを見ている時間は20代が251分、30代が147分、40代が110分。これは平均だから、とんでもないスマホ漬けになっている人もいるはずだ。

ひとり暮らしの人が誰にも会わずに家にこもっていたとしても、常に〝誰かの様子〟が見えてしまう。これは孤独をなくす良いことでもあるけれど、心のパーソナルスペースが激減して、息苦しくなってくる人だっているはずだ。

そんな時、この古くて新しい本は、たぶん、味方になってくれる。

ぜひ、初版時には生まれてすらいなかった人に、読んでいただけたらと思う。

この本は、不思議な本だ。「自己啓発書なんて苦手だ」という作家の書棚にひっそり置かれているのを目にしたこともあるし、発売以来25年、下は11歳から上は94歳まで、多くの人に読まれてきた。

優勝がかかるプレッシャーのもと、某プロ野球チームの監督が「選手のために」と大量買いしてくれたり、女子プロゴルファーが「好きな本」とインタビューで答えてくれたり。独自の芸風で知られる読書家のお笑い芸人が愛読書に挙げてくれたり、今もユーチューバーに紹介してもらったりしている。

「25年も読まれるって、不思議な本だな」と、不肖の初代担当編集者は思っていたのだが、新版のためのこの原稿を書いていて、気がついた。

テクノロジーは進化しても、人の心はさほど進化していないことに。

それこそ、本書が時を経て多くの方に愛され続けている理由であることに。

いつまでも、心は生身だ。愚かなことか、素敵なことかはわからないけれど、本書が出た頃、へなちょこだった若い〝くよくよ編集者〟は、中年編集者になった今も変わらず、くよくよする。この本は、くよくよする人が、それでも自分らしく生きるためのツールとして、きっと読み継がれていくだろう。

初代担当編集者　青木由美子

Don't Sweat The Small Stuff
by Richard Carlson, Ph.D.

 For information address: Hyperion, 114 Fifth Avenue, New York, New York 10011.
Japanese translation rights arranged with The Fielding Agency, LLC, Tiburon, California through Tuttle-Mori Agency, Inc., Tokyo

［著者紹介］

リチャード・カールソン

心理学者。ストレスコンサルタント。ユーモアにあふれ、率直でわかりやすく、しかも誰にでも実践できそうな「くよくよしない」ヒントを提唱。著作やテレビ出演、講演多数。著書に『（文庫）マンガで読む　小さいことにくよくよするな！』（サンマーク出版）などがある。

［訳者紹介］

小沢瑞穂（おざわ・みずほ）

東京都出身。訳書に『小さいことにくよくよするな！』（サンマーク出版）、P.モーリエ他編『CHANEL 自分を語る』（さくら舎）、ジーン・リース『サルガッソーの広い海』（みすず書房）、マルロ・モーガン『ミュータント・メッセージ』、エィミ・タン『ジョイ・ラック・クラブ』（角川文庫）、著書に『やっとひとり』（晶文社）など。

本書は1998年に小社より刊行された
『小さいことにくよくよするな！』を
加筆・再編集したものです。
扱っている時代背景を勘案し、
当時の語句・表現を使用しております。

新版

小さいことに くよくよするな！

2024年1月15日　初版発行
2024年4月30日　第4刷発行

著　者　リチャード・カールソン
訳　者　小沢瑞穂
発行人　黒川精一
発行所　株式会社サンマーク出版
〒169-0074 東京都新宿区北新宿2-21-1
☎03-5348-7800（代表）

印　刷　共同印刷株式会社
製　本　株式会社若林製本工場

落丁・乱丁本はお取り替えいたします。
定価はカバー、帯に表示してあります。
ISBN978-4-7631-4098-2　C0030
ホームページ　https://www.sunmark.co.jp